《摩尼教残经》第76行（中国国家图书馆藏）

六合叢書

语藏集

王丁

上海文艺出版社

本书得到国家社科基金重大项目"北朝至隋唐民族碑志整理与研究——以胡语和境外汉语碑志为对象"(18ZDA177)的支持,谨此致谢!

目 录

河上公名义解	1
合文绝迹？	5
——试读《中国大百科全书》第三版语言文字卷词条	
从 Confucius 到 Laocius	23
中国情调的德国君主版画肖像	55
木活字的德国造	64
——柏林"华文字模"观展记	
紫光阁功臣额敏和卓画像	72
——流往德国的原委及目前下落	
洋话汉写	94
——清末使节笔下的西方风物	
大清的朋友圈	128
——李凤苞记录的诸国驻德公使名单	
陈垣先生《景教三威蒙度赞跋》书后	175
陈寅恪的"语藏"	185
——跋《陈寅恪致傅斯年论国文试题书》	
后记	216

河上公名义解

老子五千言，通称《老子》、《道德经》。老学有种种门派和传本，其中河上公系统为一大宗派，《河上公章句》、《老子河上公注》等等都是该系统的著作，门派祖师（传授人、注解者）为：

河上公（《太平御览》卷五一〇引嵇康《高士传》）

也有其他名称，如：

河上丈人（《史记·乐毅传赞》："乐臣公学黄帝、老子，其本师号曰河上丈人"；《太平御览》卷五〇七引皇甫谧《高士传》等）

河上真人（刘宋时《上清宝诀》著录之《河上真人章句》等）

有关记述头绪实繁，而河上公一名的由来，以葛洪《神仙

传》卷三本传为详,亦为后代道流所乐于祖述,略云:

> 河上公者,莫知其姓字。汉文帝时,公结草为庵于河之滨。帝读老子经,颇好之……帝即幸其庵,躬问之……公乃授素书二卷与帝,曰:"熟研之,此经所疑皆了,不事多言也。余注是经以来,一千七百余年,凡传三人,连子四矣,勿以示非其人。"言毕,失公所在。须臾,云雾晦冥,天地泯合。

据王明先生考证,《河上公章句》大约为东汉桓帝或灵帝时黄老学者伪托战国时河上丈人所作,其说可从。[1] 则此一神话的主人公之为一个"河上"神仙,就是这样被作为一个学派传统代表虚构出来。

这位"莫知其姓字"的河上公,其名号究竟又何所由来?

颇疑"河上"一词为隐语。老子五千言传世本上经首句为"道可道,非常道",下经首句为:

> 上德不德,是以有德,下德不失德,是以无德。

《道德经》之名,即撷取两句的"道"、"德"二字合成,此

---

[1] 参阅王卡《老子道德经河上公章句》前言,北京:中华书局,1993年。

系"古书多摘首句二字以题篇"的通例[1]，已有成说。马王堆帛书本老子甲乙两种均是德经在前，道经在后，写本无题，固可援例称为《德道经》。北京大学藏西汉竹书本《老子》也是"德经"在前、"道经"在后的本子，分别有"老子上经"、"老子下经"的背题。"河上"同理，盖由"道可道"、"上德不德"两句中各取"可"、"上"复合而成，所用办法仍是选用首句中的字眼以题篇：

道**可**道非常道

上德不德是以有德

可见"道德"、"可上"是两个标题，标举的都是"道经"在前、"德经"在后排篇顺序的本子。只因"章句"作为一部晚出的注解性著作不便仍沿用"道德"这一旧名，唯有变通用字，另起一名，"可上"便由此而生。

"可上"写法一旦稍变为"河上"，可上本敷衍成为河上公，点缀以结庵水畔的高士形象，便模糊了原来的篇题意义，而平添神话色彩。实则河上公历史上绝无其人，古人业已道及，谓：

太上道君遣神人特下教之（按：指汉文帝），便去耳……时人因号曰河上公（《老子道德经序诀》）

1　余嘉锡：《古书通例》卷一《古书书名之研究》，上海：上海古籍出版社，1985年，第28—30页。

河上公乃一"神人"。河上公的虚构，通过造作故事、将学派版本之名人格化而造成。质言之，所谓河上公本，即不过是以"道经"在先、"德经"在后这一系的老子五千言版本为文本基础的、以发挥老义为宗旨的一种哲学、宗教派别的传本，所谓河上公者，甚至连个神话人物都算不上。

（原刊《中华文史论丛》2017年第2期）

合文绝迹？
——试读《中国大百科全书》第三版语言文字卷词条

盛世修典，《中国大百科全书》在升级，第三版即将问世。《语言文字》卷由社科院语言研究所组织编纂，目前已先行公布部分"词条（稿）"。这一做法有利于让同行和公众及时了解工作的进展，编纂者也可以广泛听取反响意见，很值得赞赏。"合文"是最近在"今日语言学"公众号上传的一个词条。[1] 其文如下：

> 合文也称为"合书"，指古汉字中将两个或两个以上的字合写在一起或借用一个合体字隐含另一个字，形式上仿佛是一个字，实际上却表示两个或两个以上汉字的构形和书写现象。例如，甲骨文将"小且（祖）乙"写作"🔣"，金文将"五月"写作"🔣"，战国文字将"公子"写作"🔣"，将"子孙"写作"🔣"。
>
> 合文的书写方式多种多样，以商代甲骨文为例，合文

---

1 https://mp.weixin.qq.com/s/eGLu7cJE_Qw9LLNeZgKS_Q（2017 年 8 月 11 日上传）。

形式主要有……

　　合文作为古汉字中一种特殊的书写形式，有学者对此进行过专门研究，在对甲骨文、西周金文、战国文字中的合文现象进行了细致分类的基础上，从理论上对合文现象进行了分析：合文是古文字记录语言时独特的写词方式，它要求组成合文的二个或三个字词序必须相连，所记录的词除少数外，基本上都限于专有名词。合文的存在是文字原始性的一个表现，是用一个形体记录一个词组这种原始文字写词方法的孑遗。

　　随着时代的发展，合文逐渐走向消亡。这是因为合文作为汉字的一种特殊书写形式，它有悖于一字一音、一个书写单位的汉字基本特点，所以古汉字合文由盛转衰终致消亡是不可避免的。春秋战国之世三字合文基本消失是合文走下坡路的明显迹象，到了秦汉时代，两字合文也稀如凤毛麟角，所见无多，从此合文便逐渐绝迹了。

参考书目：

何琳仪.《战国古文字典》[M]. 北京：中华书局，1998.

刘钊.《古文字构形学》[M]. 福州：福建人民出版社，2006.

（撰稿：周祖谟　修订：沙宗元）

　　合文，这个词字面简单，却不常见，普通词典并不列为词条，一般读者多半不知道是什么意思。读过上述词条，读者会得到一个印象，那就是合文是上古时期造字、写字的一种特别方式，就是把几个有关联的字写成一个字，用一个字代替多个字（"词组"），但是因为这个做法"不科学"，秦汉以后就基本消失了。

是否果真如此？不尽然。词条对先秦时期的合文做出了大体允当的解释，但是在后续时代历史流变的把握方面，词条主张的"合文逐渐走向消亡"、秦汉以降"逐渐绝迹"等等说法，与汉文字书写的历史不符。另外，词条对合文基本特征的概括也不够准确，有些甚至有可能是错的，比如说"它有悖于一字一音、一个书写单位的汉字基本特点，所以古汉字合文由盛转衰终致消亡是不可避免的"，这个判断本身的是非暂且不论，它的表达无论如何是别扭、有歧义的，作者的意思应该是"一个字对应于一个读音、一个字用一个书写单位来表现"，压缩在一个句子里就有语病之嫌。如果想断言"一字一音"是汉文的特性，那如何解释大量存在的一字多音（多音字）现象？又如，词条忽略了与合文共生的合文号（一种附加在合文旁边的形似"二"字的符号），这对早期合文是很重要的一个标志性符号，合文号（以及重文号）是汉字书写的大特点，不可不提。

为了减少排版的困难，在此姑且略去上述词条引文里的一段，其内容是引用甲骨文的合文例子（来自第二版词条），分为5类，都有字样示例，比抽象地讲"借用"、"隐含"直观明白。词条引用的合文实例还有金文1例，战国文字2例，然后就此打住，似乎意在佐证词条所主张的，秦汉以后，在中国书写文化里合文这个现象已不足道。

那么，汉代以后合文真的"逐渐绝迹"了吗？先看汉代，出自西汉时代的马王堆汉简帛书中有十余例合文，如"正月"、"小月"、"五十"、"六十"，二十八宿的"营室"、"牵牛"、"东井"、"觜觿"、"婺女"等。[1] 写本所显示的"孔子"一名（图一），写成上下结构，乚上子下，下半部分的子是孔、子两字的共有部分，故得以共享，只写一次，两个字省约为一个合体字。

图一 "孔子"合文

玺印、铸造铭文、碑刻因为做工艰难，合文比较容易受到青睐而被采用，以达到省工省料的目的，所以中古时期仍以从写本观察合文的使用，更能全面地说明汉字书写的实际情况。唐至五代时期的敦煌写本中有如下三种合文：菩萨、菩提、涅槃（见图二 BD00397 背勘经杂录 "大菩萨藏经第二袟"、图三 BD07832《净名经集解关中疏上》"三藐三菩提"、图四 BD07873 大乘四法经论广释开决记 "度至涅槃彼岸……彼菩萨制造此论"。参见图五黄征《敦煌俗字典》，上海：上海教育出版社，2005年，第309页、292页），其中"菩提"的合文甚至在人名中也有使用，如李菩提（图六，P.2049v1 同光三年净土寺诸色入破历计会牒）。

---

1 参看《马王堆简帛文字编》，北京：文物出版社，2001年，第604—605页。

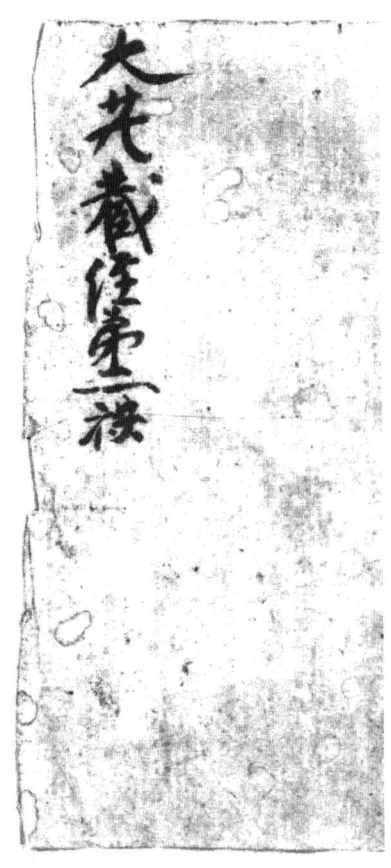

图三 "三藐三菩提"（国家图书馆藏敦煌写本 BD07832《净名经集解关中疏上》）

图二 大菩萨藏经第二袟（敦煌文书 BD00397 背勘经杂录）

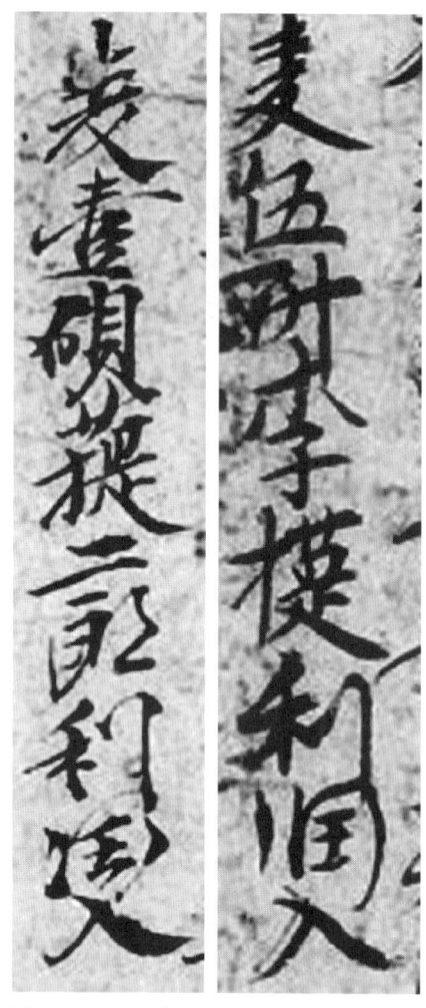

图五 敦煌写本中"菩萨"、"菩提"的合文写法

图四 "……至涅槃彼岸。故彼菩萨制造此论……"（敦煌文书 BD07873《大乘四法经论广释开决记》）

图六 P.2049v1 后唐同光三年（925年）净土寺诸色入破历计会牒人名李"菩提"，合文写法微异

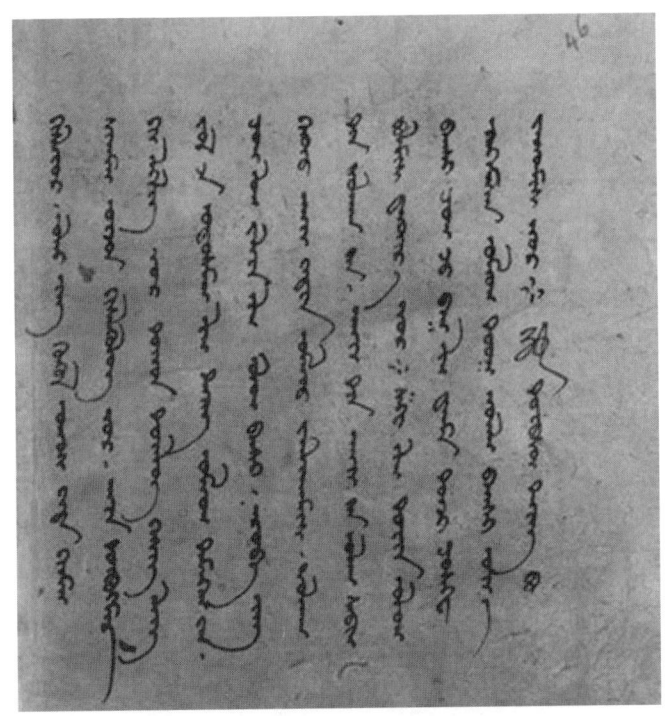

图七　敦煌回鹘语文书 Or. 8212/109, folio 46a，夹写汉字"了也"

甚至在帝国的边陲，12—13 世纪的回鹘高昌王国回鹘语佛书里还夹杂着"了也"这样的合文（图七）[1]，这倒是一个在"胡语"文章中的汉语汉文"孑遗"，附缀在回鹘语句末，除了语义作用，大概也有句读的功能，其背景似乎是汉语佛教文献译成回鹘语过程中若干未译的汉字保留，其历史场景或者是回鹘人接受了汉语言文化影响，在译自汉文的回鹘文本中夹写一时没

1　参见 Peter Zieme, "*Liaoye* – a Chinese Ligature in Uigur Manuscripts from the 13th and 14th Centuries." In: *Manuscript Cultures Newsletter* Nº 2, 2009, pp. 11-13。

有找到合适对应词的原文，或者反过来，是身处他乡的汉人当时融入回鹘文化的反映，在语言上使用汉语借词，在文字上保留一些还没有来得及转换的残余。这个"了也"提醒了种种文化史的有趣话题，很值得深入探讨。

历代手书信札中，结尾经常有"顿首"这一表示叩头敬礼的套语，合文写法的结构在左右、上下之间。字样非常多，粗略查阅之下，从东晋王羲之以至现代信札，合文顿首的写法比比皆是，现仅举两例大书法家的字样："芾顿首"（米芾丹阳帖，图八）、"弟其昌顿首"（董其昌致杨宫札，图九）、"国维顿首"（致罗福苌信，《国家图书馆藏王国维往还书信集》第一册，北京：中华书局，2017年，第447页，图十）。其中王国维的行书

图八　芾顿首（米芾丹阳帖）
图九　弟其昌顿首（董其昌致杨宫札） 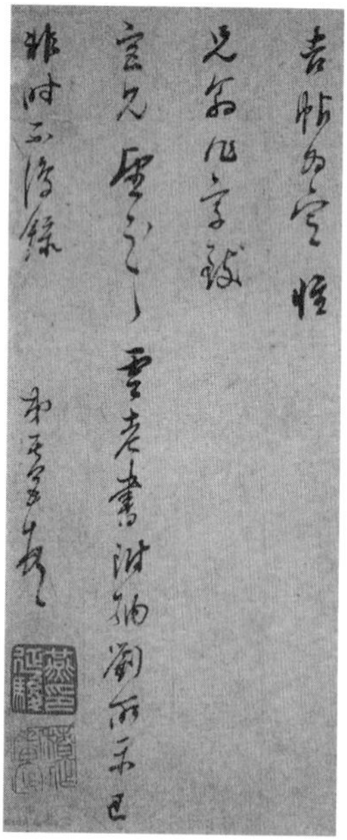
图十　国维顿首（致罗福苌信）

写法是"顿首"合文最标准明确的左右结构范例。

再看现代，合文仍然时常见于书写和印刷的文字中。最为大众喜闻乐见的是"日进斗金"、"招财进宝"（图十一）。私营的商店餐馆为了制造老字号的联想，往往爱在店招上下功夫，利用视觉的新奇以广招徕，使用合文为一途，如西北著名的"biangbiang面"，就造了一个非常繁复的专字，很难说是合文，在此姑且不论。

"手擀面"（图十二）肯定是一个三字一体的合文，构思很巧，效果很好，笔画不繁，写在店牌、幌子上，远远一望便知。

婚庆的典型符号"囍"（图十三）是否合文？作为一个会意字，它的意思是"双喜"，仍读 xǐ，但手写的囍，往往在最下面的两个口之上写一个贯通的长横，使并肩而立的双喜结成一体，这一横是使它成为合文的关键一笔。这是一个左右结合的合文。

文教界最有名的合文代表应该算是"圕"了。这个表示"图书馆"三字的合文，是杜定友于 1924 年创造的，并赋予了一个读音 tuān，由此这个合文已经成了一个有独立形音义的新

图十一 "招财进宝"　　图十二 "手擀面"合文　　图十三 双喜合文

13

我對于圖䍰圙三字的商榷

图十四　中大图书馆合文图章

图十五　汤因文章标题中的合文"图书馆""博物馆""国术"

字了。杜先生籍贯广东南海，因父辈经商上海，他生于上海四马路，读过南洋公学，留学菲律宾主攻图书馆学、教育学。他后半生回到广东，供职国立中山大学图书馆，中大馆章就使用了他首创的图书馆合文（图十四），大概在九十年代被一个无可不可的新章取代，有点可惜。

据说当年中华图书馆学会曾大力推荐各地图书馆使用这个简便写法，其机关刊物《图书馆学季刊》，就曾将这个刊名在页边印作"圖学季刊"。据友人说，日本图书馆界也接受了这个新字，在战前有所使用。顺便一提，《图书馆学季刊》1936年十一卷第二期发表过署名汤因的一篇专论合文的文章，标题里圙字之外，还有两个似乎并没有推广开来的实验性合文（图十五），宝盖头+物，代表"博物馆"三字，口中术（术），代表"国术"，如此把标题"翻译"成普通字，就是"我对于'图书馆'、'博物馆'、'国术'三个（合文）字的商榷"，合文版节省了五个字符。

14

或曰：招幌、图章是具有美术性的东西，本来就爱使用一些奇奇怪怪、别出心裁的符号图案以醒人目，"圕"也完全可以看作是这样的一个设计性的 logo，而不再是一个普通的字。那么，我们也有日常手写"圕"字的证据，例证出自语言学行当的老前辈罗常培的亲笔手书，系他三十年代末写给闻宥的两封信札（图十六、图十七），一楷一行，十分清楚：

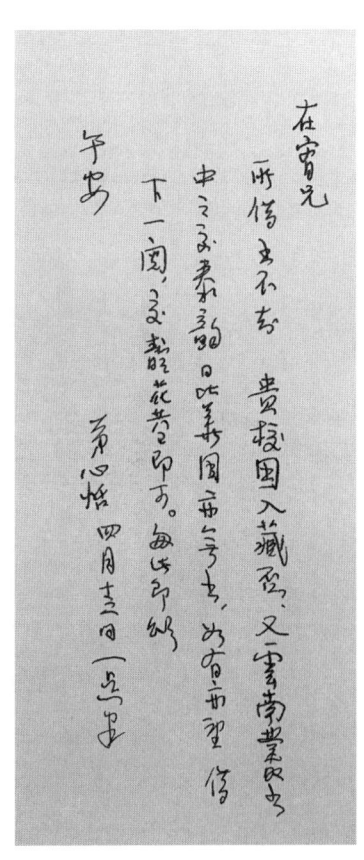

图十六、图十七　罗常培致闻宥信

15

"所借书不知 贵校圕入藏否?又云南丛书中之《交泰韵》,昆华圕亦无书。如有亦望借下一阅。"

"(Oriental Studies 及《通报》新刊各期,)现已嘱圕中人催查,俟有所得,再行报命。"[1]

合文在现代的使用,不能不举钱锺书的签名(图十八、图十九)为例,"金"、"戈"、"重"、"书"四字合一:

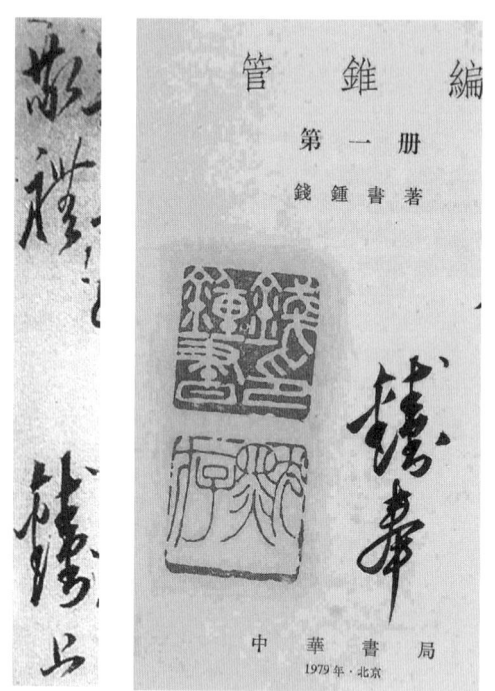

图十八、图十九　钱锺书合文署名

---

[1] 闻广、蒋秋华主编:《落照堂集存国人信札手迹》,"中央研究院"中国文哲研究所,2013年,第843—844页。

清代人写数目字、日期多用合文方式，仅举日期一例：近年学者于海外藏家之手发现一件非常珍稀的 1862 年太平天国颁发给为太平军输送军需品的美国商人的路凭，太平军政府查验过关记录的日期里有"十一月初九"[1]，"初"担当勾连职能，五个字做一个字写，布置在一个隐然的田字格里，是目前所见构成单位数量最高的一个合文字（图二十）。

图二十　艾俊川藏太平天国路凭（局部）

1　艾俊川：《弥俄礼收藏的太平天国路凭考》，《史林》2017 年第 5 期；图片见杨光辉、韦力主编《国际藏书家古籍收藏与保护研讨会论文集及珍本图录》，上海：复旦大学出版社，2018 年 1 月，第 188 页"水陆路凭"。

在商务世界中，以前有用于书写商业数字的苏州码子，在行文中经常把表示一个数字的几个组合符号干脆当为一个方块字来写，在文本里占据一个字的位置，从形音义三方面看，也满足合文的判定条件。"人民币"一词有"人下巾"的写法，见于1961年白坚的一件卖画交易支付收据，"价人民币伍仟圆正"[1]（图二十一）。民国的"国币"一词有"口中巾"的写法[2]。推想起来，这两个为货币名称制作的特殊写法，也许是受了西方货币符号英镑£、美元$的启发而造出来的一种符号化的专用字，可惜不知道发明者是谁。

图二十一
白坚卖画契

看过以上汉字合文在从汉代到现代的书写史中的例证之后，现在我们回头再来看，词条主张，"合文的存在是文字原始性的一个表现，是用一个形体记录一个词组这种原始文字写词方法的孑遗"。在西学为用的近现代，人们引进了国际通行计量单位，如表示电的功率单位的"瓩"，读为"千瓦"，航海业长度单位"浬"读为"海里"，一般长度单位方面，造了一个"粴"字（读音 lí），表示毫米。这些专用的现代字符，造字的本意应该是突出术语概念的明确性，专字具有专音、专义，很有科学意义，绝对不是如词条所说，它们是汉字写词方法具有"原始

---

1 宋希於：《关于白坚晚年情况的补充》，《南方都市报》2018年6月17日A08版。
2 照片见《民国三十六年田赋收条》，和继全《白地波湾村纳西东巴文调查研究》，北京：民族出版社，2015年11月，第332页。

18

性"的表现。

有关合文的形式构成，词条给出了一个描述性的定义："合文也称为'合书'，指古汉字中将两个或两个以上的字合写在一起或借用一个合体字隐含另一个字，形式上仿佛是一个字，实际上却表示两个或两个以上汉字的构形和书写现象。"两个字或两个以上的字合写为一个字，就是说合文是把原本的两三个单字写成一个合体字。那么上面引过的菩萨合文是这样吗？非也，中古佛教中人求简，只把两个艹头上下叠加而成 艿，读者即使事先不认识这个怪字，在语境明确的情况下也自然能心知其意，晓得其代表菩萨。菩提，是菩字取其艹头，当作提字的帽子，合二而一为 蓵，初看俨然是一个从草提声的字，但实际上需要把它读为双音节的菩提。由此看来，合文往往是取原字的偏旁或各自的一部分整合构成的一个字，而且笔画不应过多，否则难写难认，也违背了合文本来意在化繁为简的初衷。

这又涉及合文的功能。为什么有合文存在？最主要的原因是为了减省刻画、书写之劳，节省篇幅和书写材料，把在特定语境文本中出现频率高的复合词（如佛典中的菩萨、菩提）或词组通过省并制作成一个单一的符号。省并这个方式，也可以对金文中的合文 㜽 "子孙"予以完满的解释，"子"、"孙"二字有共同字符部分"子"，因此被像算术因式分解运算中的"公因式"一样提取出来，只写一次，其右写"系"，就是合文"子孙"的诞生过程。这样说，要比词条的"借用一个合体字隐含另一个字"更为清楚明白。

合文词条还说,"组成合文的二个或三个字词序必须相连,所记录的词除少数外,基本上都限于专有名词。"前半句是糊涂句,是什么意思?前后相连的两三个字组成的词,就满足可以被写成合文的充分必要条件吗?据此任何两字、三字复合词都可以用合文来表示吗?这个定义显然过宽了。"基本上都限于专有名词",错误就更其明显,了解通名（appellative）、专名（proper name）之别的人自然明白,就看词条举的例子"五月"、"子孙",它们都是通名而不是专名,词条之误便一目了然。

综上所述,合文不是如词条所说是古汉字"原始性"的表现,它的存在贯穿汉文字从甲骨文到当今现代三千多年的漫长历史。合文是文字形体的合多为一,但语言上保留原来的音节数量和音值不变,形体上把若干个连接在一起的字组成的词归约为一个书写单位,但读音、表意仍旧保持原来的词的读音和意思不变。

合文在中国文字书写历史上是一个源远流长的连贯性存在。把合文圈定在先秦时代的上古时期,把写、用合文看作是文化"孑遗",是对这一事实认识不足,也无视了不断涌现的新合文所体现的中国人在书写上的创意精神。在合文这个问题上,说"绝迹"太绝对,涉及古今流变之迹的文字学研究题目,也不应该仅仅局限在古文字学领域里进行。像合文这样涉及范围广、年代跨度大的词条——在大型工具书中称为"通条",对探源、溯流有较高的要求。目前这一稿恐怕还需推敲磨勘。事关知识的完整、准确,百科全书不可不周全。

最后让我们看一个最为花样翻新的特殊合文,为现代艺术家徐冰所创：wiki（"维基"）（图二十二），将风马牛不相及的拉丁字母在形体上汉字化，w化成山，i化成工，k化成⺮的一半。如此点化而成的形似合体字，让不懂汉文的西方人看，他们一定以为是中国字，待谜底揭晓，全场定是一片哗然惊叹。虽然这个创意设计符号不是真正意义上的汉字合文，但貌似如此。这是一个汉字走出去，权把洋文作汉文的例证。

图二十二　徐冰设计的wiki合文

补记： 新版《大百科全书》合文条的英译名选择用compound graph，意思是"复合字"，虽然大体达意，但ligature似乎是合文在国际上更通行的专门称谓，世界很多其他语言文字系统也有合文现象，正是使用这个术语来指称。

（原刊《澎湃新闻·上海书评》2018年9月12日）

新补： 西方人非常早就注意到了汉字中有复合多字为一个字的做法。翟理士收集到"西国人"（图二十三），编入《远东

> of other sets of characters, distinguished in like manner by appropriate radicals; besides which there is a small class of so-called "ideographic" characters, where the sense of the component parts yields the sense of the whole; e.g., 木 a tree, 林 a forest, and 森 dense, obscure; 僊 western-nation-man, sc. Buddha. See *Seal Character*.

图二十三　H. Giles, *A Glossary of Reference on Subjects Connected with the Far East*, London 1903, p. 43 "western-nation-man"（西国人）

事物词汇》。德国传教士 Kilpper 写过一本普及小册子，名为《中国人的语言与文字》，书的封面选择了"福禄寿"三位一体的合文（图二十四）。

图二十四　C.G. Kilpper, *Wie der Chinese spricht und schreibt*, Stuttgart u. Basel: Evangelischer Missionsverlag, 1933. 封面"福禄寿"

（2021 年 6 月 1 日）

从 Confucius 到 Laocius

引言

旅华外国人起一个中国名字，在近现代以来是一种特别的风俗。有一个汉字写的名字，外国人似就此有了一座登陆中国社会的"引桥"。对此，英国外交官、汉学家庄延龄曾讲过一个亲身经历的故事：

> 因为我的姓 Parker 在中国人嘴里很容易发成 Bakka，在到达中国的第二年，我决定从姓庄子。俄国领事 Skatchkoff 也有"名字难发音"的烦恼，他索性接受了孔子的姓。英国领事 Mongan 取姓孟，因为孟跟他的本姓音近。好了，天津一下子就出了"三圣贤"，齐了。[1]

---

[1] E. H. Parker, "The philosopher Cincius," *John Chinaman and a few others*, 2nd edition (London: John Murray, 1902), 69-70. P. Pelliot, "Edward Harper Parker." *T'oung Pao*, 2nd Ser., Vol. 24, No. 2/3 (1926): 302-303.

庄延龄（1849—1926）本名 Edward Harper Parker，在英国学过一点中文，做过一阵棉花、茶叶和丝绸生意之后，在 1869 年到了中国，在天津领事馆做翻译学生（élève-interprète）。以百家姓选择余地之大，他选定跟庄子同一个姓，又起了如此一个老气横秋的名字，其年他还不过是个二十一岁的年轻人，及至三十年后他方才终于写出《论道教》，为他的"家学"树立起一座里程碑。俄国驻天津领事孔气，又名孔琪庭（1821—1883），原名 Константин Андреянович Скачков（Konstantin Andrejanovitch Skatchkoff），姓氏直音译为"斯卡奇阔夫"，也是一位由外交官成长起来的汉学家，在华三十余年，收藏中国图籍甚富，带回俄国，成为莫斯科国家图书馆汉籍基藏的一部分，其中颇有珍要之本。[2]

孟甘（James Mongan），1861—1876 年任英国驻天津总领事，后转任广州总领事，1880 年去世。孟甘在天津任职凡十五年，这在外交行里非常罕见，盖因天津的租界地位重要，他的角色因而特别，与北洋大臣李鸿章交往密切，留下不少公文档案。[3]

其实，这三个名字不都是外国人起中国名的常例。孔琪庭，

1　E. H. Parker, "The Taoist religion," *The Dublin Review* 1903.
2　蔡鸿生：《邵友濂使俄文稿中的"王西里"和"孔琪庭"》，《文物》1977 年第 8 期，第 42—45 页。麦尔纳尔克斯尼斯编辑，张芳、王菡译：《康·安·斯卡奇科夫所藏汉籍写本和地图题录》（北京：国家图书馆出版社，2010 年）。荣新江：《怀李福清——记斯卡奇科夫藏书调查的学术因缘》，《书城》2013 年 2 月号，第 24—28 页。
3　参见 *Robert Hart and China's Early Modernization: His Journals, 1863-1866*, ed. by Richard Smith, John K. Fairbank and Katherine Bruner (Leiden: Brill, 2020), 503.

是名字 Konstantin 的近似音译；而孔气，则颇疑是来自这一名字的昵称。孟甘，基本是 Mongan 直音转写。这两位，选择孔、孟为姓，显然是有外交官的公关意图的。庄延龄的名字，与他本来的名字 Edward Harper Parker 毫无瓜葛，完全是起了一个纯粹的中国人一样的名字。

把中国人的名字传达到外国语里，方向相反，道理和做法却是——或者应该是——一样的。

西方人在自己的语言里转述、翻译中国专名，历来用音译（transliteration-transcription）法，这是跨语言文字交流的通例。比如"北京"一词，英语、德语国家和荷兰、斯堪的纳维亚诸国拼成 Peking，法语国家则拼成 Pekin，西班牙语有 Pekín、Pequín 两种拼法，葡萄牙语 Pequim，意大利语说 Pechino。中国官方的标准拼法是 Beijing，依据是《汉语拼音正词法基本规则》，最新的版本为 2012 年修订版（GB/T 16159-2012，2012 年 10 月 1 日实施）。国际方面，联合国于 1979 年发文，规定："……从 1979 年 6 月 15 日起，联合国秘书处采用汉语拼音的新拼法作为在各种拉丁字母文字中转写中华人民共和国人名和地名的标准。从这一天起，秘书处起草、翻译或发出的各种文件都用汉语拼音书写中国名称。"1982 年，国际标准化组织发出 ISO 7098 号文件（中文罗马字母拼写法），采用《汉语拼音方案》进行中文罗马字母拼写，1991 年又有修订。台湾以前使用自己的"通用拼音"，因为海峡两岸来往日多，特别是网络通讯势不可挡，台方"教育部"于 2008 年 12 月 18 日修正"中文译音使用原则",改采汉语拼音为标准。[1]这样一来,用汉语拼音拼写汉字,在国内、国际就成了主流,实现了拼音层面上前所未有"书同文"、"大一统"局面。

在汉语拼音之前,国际上最主流、常用的转写系统是威妥玛系统(Wade-Giles System),清朝政府承用这一系统作为"邮政拼音",实际上在中国社会上全面实行,直到1958年汉语拼音方案制订并通过为官方拼写系统。这样一来,在这个新规之前已有西方译名的人物、事物往往就有新旧两组名字,比如毛泽东,就是拼音形式的 Mao Zedong 和威式的 Mao Tse-tung 并存,如今媒体里几乎都写拼音的新形式,有些学术著作和一些好古者沿用旧式。地名方面,传统的惯性似乎更大一些,以"北京"一词为例,Peking、Beijing 仍然难分伯仲;这里面还有一个发音原因,按拼音,很多西方人不知道 j- 应该怎么发音,把 Beijing 发成"杯映"或者"拜意映"的不在少数,这反而不如发 Peking 的直音辨识度高了。广州作为口岸大码头,有一个更悠久的传统拉丁名 Canton,记音以粤语的"广东"为词源,由此还有派生词 Cantonese"广府人、广东话",连同"广交会"Canton Fair,这些词早已不胫而走,名扬天下。现在执行拼音形的 Guangzhou,拼法、发音面貌大变,交流中往往需

---

[1] 陈水扁的名字也许算是一个比较特别的例子。他的名字拼写是百分之百标准的汉语拼音形式 Chen Shui-bian,而不是按照台湾正式使用的"华语通用拼音"写 Chen Shuei-bian。文史学者黄一农将他的名字拼作 Huang Yi-lung,农拼成 lung,按普通话/国语发音为标准说,就是一个 n/l 之错,语言规范意识反而不如陈水扁。不过这个 lung 选择的背景可能是闽语"农"音 laŋ/lɔŋ,透露的也许是学者对自己名字发音的乡音执着。

要增加一句解释，Guangzhou 亦即 Canton。苏州、杭州以前在西方以 Soochow、Hangchow 知名，改为 Suzhou、Hangzhou 之后，现在七八十岁以上的西方老人家每每对不上号，年轻一代则不识 Amoy 是厦门，Chefoo（芝罘）是烟台，Dairen 是大连。

时代是由年轻人带队向前走的，新东西很快被接受，老习惯会慢慢被淡忘而自然淘汰。不过，涉及旧社会发生的事情、老记载里讲的故事，不仅繁体字竖排书还是时常要看，外文里的旧式说法、写法也需要明白。前些年出过笑话，有学者不知蒋介石名字的传统拼法 Chiang Kai-shek，不查不问，凭空编造出一个子虚乌有的"常凯申"。[1] 现在学界有人呼吁，关注"从域外看中国"的"他者"视角，这就要看外人关于中国的著作文字，外文著作里的汉语文专名、概念，事关 who's who 大事，掌握得如何，几乎可以说是第一道门坎。

外国人对中国展开研究，创立了汉学。起初耶稣会士在明末来华，为了传教的成功，积极接触中国社会，学习中华经典，了解华情，很快就将《四书》译出，也很快对中国传统社会的主流思想——儒家有了基本的掌握。之后新教传教士、外交官出身的学者加入赓续钻研中国思想，科班汉学学者是近代后期才登上舞台的。翻译过程中，古圣贤名号的西文化是一个环节，从事其中的西方人士有所用心，不仅设计了译名，也记录下来

1　高山杉:《"门修斯"之后又见"常凯申"》,《东方早报·上海书评》2009年6月7日。陆谷孙《由蒋介石被译成常凯申想到的》,《东方早报·上海书评》2009年6月14日："我称这种错误为谬译而非误译，是因为出错的原因不在于译者的外文修养欠缺，而是因为身为中国人，对中国文化在国际上的传播隔膜至此，又懒得查问，实属荒谬。"

一些思考。让我们做一次回顾。

孔子

近代西方向中国传教，以天主教始。徐光启是第一代向"西学"张开怀抱的中国儒生，对耶稣会在中国的作用和目标，他用四个字来概括——"补儒易佛"（见《泰西水法》序）。"易"是取而代之，"补"是提高、优化使之更佳，天主教自信对此有贡献之方。何处入手？首先要研究、理解儒家，孔子是耶稣会士需要最先面对的中国圣人。

利玛窦著、金尼阁 1615 年整理成书的《基督教耶稣会远征中国记》（通译《利玛窦中国札记》）[1]，开篇概述中华帝国自然、人文状况，提到的第一个人物就是"中国最伟大的哲人名叫孔夫子（Confutius）"（第一卷第五章，第 29 页，中译本第 31 页），"孔夫子（Confutius）编纂了四书（tetrabiblion）、五经（quinque doctrinas）"（同上，第 32—33 页，中译本第 34—35 页）。Confutius 是孔夫子的第一种拉丁文拼法，时为 17 世纪初叶。（图一）

此后七十余年，中国经历了明清易代，耶稣会士既参与了助明抗清的事业，也及时向入关的满族新政权输诚，贡献才

---

[1] *De christiana expeditione apud Sinas suscepta ab Socjetate Jesu. Ex P. Matthaei Ricij eiusdem Societatis Commentarijs. Libri 5 ad S.D.N. Paulum 5. in quibus Sinensis Regni mores, leges atque instituta & nouae illius Ecclesiae difficillima primordia accurate & summa fide describuntur.* Auctore P. Nicolao Trigautio Belga ex eadem Societate. 中译本《利玛窦中国札记》（何高济等译，北京：中华书局，1983 年）。

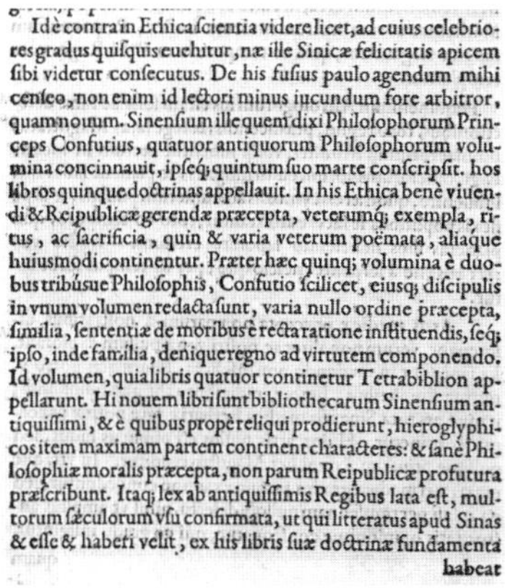

Idè contra in Ethica scientia videre licet, ad cuius celebriores gradus quisquis euehitur, næ ille Sinicæ felicitatis apicem sibi videtur consecutus. De his fusius paulo agendum mihi censeo, non enim id lectori minus iucundum fore arbitror, quam nouum. Sinensium ille quem dixi Philosophorum Princeps Confutius, quatuor antiquorum Philosophorum volumina concinnauit, ipseq; quintum suo marte conscripsit. hos libros quinque doctrinas appellauit. In his Ethica benè viuendi & Reipublicæ gerendæ præcepta, veterumq; exempla, ritus, ac sacrificia, quin & varia veterum poëmata, aliaque huiusmodi continentur. Præter hæc quinq; volumina è duobus tribúsue Philosophis, Confutio scilicet, eiusq; discipulis in vnum volumen redacta sunt, varia nullo ordine præcepta, similia, sententiæ de moribus è recta ratione instituendis, seq; ipso, inde familia, deniqueregno ad virtutem componendo. Id volumen, quia libris quatuor continetur Tetrabiblion appellarunt. Hi nouem libri sunt bibliothecarum Sinensium antiquissimi, & è quibus propè reliqui prodierunt, hieroglyphicos item maximam partem continent characteres: & sanè Philosophiæ moralis præcepta, non parum Reipublicæ profutura præscribunt. Itaq; lex ab antiquissimis Regibus lata est, multorum sæculorum vsu confirmata, ut qui litteratus apud Sinas & esse & haberi velit, ex his libris suæ doctrinæ fundamenta habeat

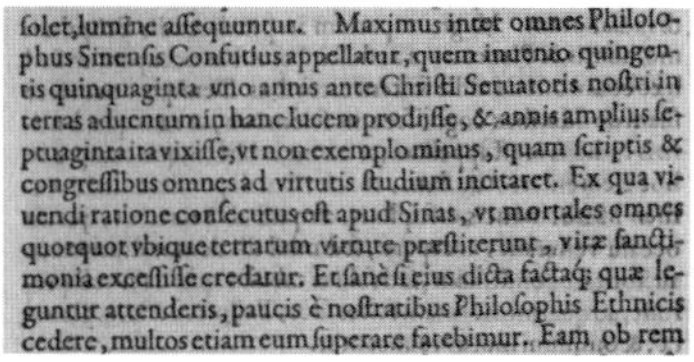

solet, lumine assequuntur. Maximus inter omnes Philosophus Sinensis Confutius appellatur, quem inuenio quingentis quinquaginta vno annis ante Christi Seruatoris nostri in terras aduentum in hanc lucem prodijsse, & annis amplius septuaginta ita vixisse, vt non exemplo minus, quam scriptis & congressibus omnes ad virtutis studium incitaret. Ex qua viuendi ratione consecutus est apud Sinas, vt mortales omnes quotquot vbique terrarum virtute præstiterunt, vitæ sanctimonia excessisse credatur. Et sanè si eius dicta factaq; quæ leguntur attenderis, paucis è nostratibus Philosophis Ethnicis cedere, multos etiam eum superare fatebimur. Eam ob rem

图一 《利玛窦中国札记》拉丁文本：Confutius

智，同时同罗马沟通，建议教廷不断派遣新人补充力量，在中国主要地点布局，步步为营，使在华传教事业有了长足的进步。在中华经典的研究上，殷铎泽、恩理格、鲁日满、柏应理合著的《中国圣哲孔夫子》（*Confucius Sinarum Philosophus, sive Scientia sinensis*, latine exposita, studio et opera Prosperi Intorcetta, Christiani Herdtrich, Francisci Rougemont, Philippi Couplet, 1687 年于巴黎出版），书前有一幅表现孔子的铜版画，下署夹有汉字的拉丁语说明“孔夫子 CVM FV ÇU sive CONFVCIVS”（图二）。CONFVCIVS 即 Confucius，这是孔夫子的第二种拼法，至迟确定于 17 世纪后半期，也是后来的通行写法，影响深远，直到今天。

Confucius 与“孔夫子”的关系是这样的：con=Kong 孔，fu=Fu 夫，cius=zi/tsi 子 + 附加男性人名词缀 -us。Mencius 之与“孟子”：men=Meng 孟，cius=zi/tsi 子 + 附加男性人名词缀 -us。

图二 《中国圣哲孔夫子》

有关 Confucius 这一词跟孔夫子的关系，前些年出过一桩趣事。1999 年，英国汉学家、伦敦大学亚非学院的 Timothy H. Barrett 教授提出一个理论：Confucius 不仅是耶稣会士创制，后来大行于世，而且汉文"孔夫子"这一词的来源也很可能是根据这个洋名字按反向构造法（back formation）造出来的。他提出的依据是诸桥辙次的《大汉和辞典》"孔夫子"词条引述的最早书证是 19 世纪的，也就是说，这个词是在耶稣会的 Confucius 一词出现之后才见于汉文著录的。于是，合理的逻辑推论就是"孔夫子"本非真正的汉语词，而是一个外来词，其原型即是 Confucius。[1]

Barrett 教授第二年在同一家刊物追加了一篇补记，[2] 说明文章发表后柳存仁教授告诉他，"孔夫子"在汉文文献里书证即使少，但是有，特别是通俗作品里常见，这种用例为辞书所忽略、阙载，不足为奇。Barrett 声明认错（mea culpa），正式收回"孔夫子"舶来说。

作为 Barrett 当年立论出发点的《大汉和辞典》，1943 年第一卷由大修馆出版，1960 年大功告成，煌煌十三卷，是诸桥辙次的毕生心血所萃，在国际汉学界甚受推重，有"The Morohashi"之目，堪比权威德语大词典 Das Grimm、英语的 The Johnson。诸桥收词、释义都有很多长处，以"孔夫子"一词为例，比诸桥辞典晚好多年上马的国家工程《汉语大词典》（1986 年出版），并没有收录，可能觉得太平常，人见人懂，无必要立专条吧。

最大的辞书——《辞海》之外有《辞天》——也不能囊括所有词汇而无遗。九十年代汉籍全文本数据库已经开始兴起，不明白 Barrett 教授为什么没有尝试一检。在追记一文中，他提及元代白话碑中有"孔夫子"等用例。其实例子更多，如《文渊阁书目》著录的"女直字孔夫子书一册、女直字孔夫子游国章一册"，再往前唐代刘禹锡《送裴处士应制举诗》：

1　T. H. Barrett, "Is there a Chinese word for 'Confucius'? A review article," *BSOAS* 62/1 (1999): 105-110.
2　"The Chinese for 'Confucius' Confirmed," *BSOAS* 63/3 (2000): 421-423.

> 裴生久在风尘里，气劲言高少知己。
> 注书曾学郑司农，历国多于孔夫子。

不消说，这一词的用例再往前回溯，也会有。如是，"孔夫子"舶来说不成立是一定的，不需要落实这一词到底有多古。其问题的实情是耶稣会士与"孔夫子"的相遇，一定是来自明儒的传授，日常交流中提及万世师表，不会指名道姓叫他孔丘、孔子，只能说孔夫子或者夫子，这一点即使没有记载，我们也能心知其意，想见其事。另外，明清通俗文学中也有非常丰富的"孔夫子"用例，如：

> 只是做官的，不可把那孔夫子"临事而惧"这句说话忘了便好，只因看得小民易欺，有何足惧，就到得失误了。丧其心术，害及子孙，没了阴骘，都做坏了。故有那"坐公堂，冤孽报"的说话，若论那有意做邪人、干歹事的，又何足算哉！（《醒世恒言》第八回《李判花胡涂召非祸》）

> 何太监说道："舍侄儿年幼，不知刑名，望乞大人看我面上，同僚之间，凡事教导他教导。"西门庆道："岂敢。老太监勿得太谦，令侄长官虽是年幼，居气养体，自然福至心灵。"何太监道："大人好说。常言：学到老不会到老，天下事如牛毛，孔夫子也只识的一腿，恐有不到处，大人好歹说与他。"西门庆道："学生谨领。"（《金瓶梅》第七十

回《老太监引酌朝房 二提刑庭参太尉》》)

当官银匠出细丝，护短爷娘出俊儿，道学先生口里出孔夫子，情人眼里出西施。（冯梦龙《山歌》"出"）

这些都是活语料，反映的是当时社会普遍的词汇使用情况，也就是外国传教士耳闻目睹的汉语汉文，Confucius 一词创生的有形有声的语境。

孟子

孔夫子之后是孟夫子。Mencius 是传教士为孟夫子制作的拉丁名字，据目前所知原始数据，最早记录 Mentius / Mencius 这一写法的是罗明坚。"罗明坚曾翻译《大学》、《中庸》、《论语》以及《孟子》的第一部分，译稿今存罗马 Biblioteca Nationale v. Emmanuele II di Roma (Fondo Gesuitico 1185)。"[1]《孟子》的拉丁文译本出自卫方济（François Noël，1651—1729），收入 *Sinensis imperii libri classici sex: nimirum a dultorum schola, immutabile medium, liber sententiarum, memcius, filialis observantia parvulorum schola*，1711 年出版于布拉格。标题里的 memcius，

---

[1] Louis Pfister, *Notices Biographiques et Bibliographiques sur les Jésuites de l'Ancienne Mission de Chine, 1552–1773* (Chang-hai: Imprimerie de la Mission Catholique, 1932), 21. 对罗明坚的译作权现在有争论，参见 Th. Meynard, *The Jesuit Reading of Confucius*, Introduction。

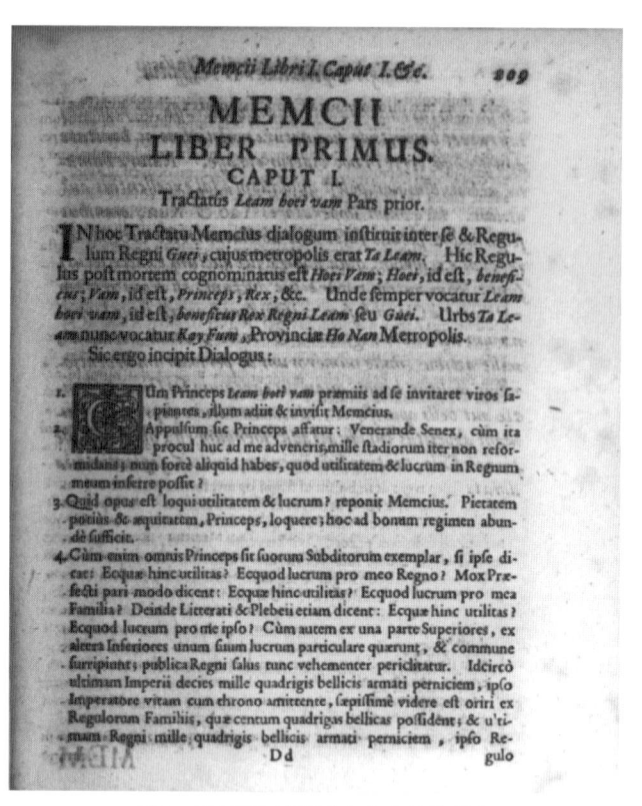

图三　卫方济译中国经典六书《孟子》部分

同一词在书中拼法也一以贯之（第 209 页）。这也是《孟子》的第一个西文译本（图三）。

　　拼法的不一致也引起当时人的注意。1743 年莱比锡出版的 Johann Benedict Carpzov 的《孟子》新译本干脆在书名里写上两个拼法 Memcius sive Mentius。18 世纪德国出版的 Johann Burckhardt Mencke 著《中国哲学史》，称赞卫方济译本"不唯收录孔子著作，继之以孟子之译尤为难得，惜乎流传未广，为憾事矣"。[1] 这里使用法文字母 ç 拼写 Memçium。

孔子之外，孟子是唯一一个在近代天主教传教士那里获得拉丁化名字的中国圣贤。[2]

曾子

孔门弟子曾参，直到19世纪才引起西方学者的注意。有关他的称呼，当时的汉学界普遍行用 Tsêng-tsz，庄延龄别出心裁建议仿照 Confucius 的拉丁构词法给予"曾夫子"一个雅号：Cincius。庄延龄特别看重曾姓的另一个原因，他自己直接说明了，是他认识曾纪泽，他的文字中经常提及这位少壮的驻英钦差大臣（曾氏1878—1885年在任），称他为 Marquess Tsêng（曾侯）。[3] 庄延龄在华二十五年，多半时间在天津、汉口、温州、上海、广州、海口等领事馆任翻译文案，后来出任过英国驻釜山领事，当

---

[1] "Præferenda etiam hæc editio priori, quoniam præter Confucium simul etiam continet Memçium. Dolendumqve iccirco, Editionem hanc tam raram esse in tabernis nostris librariis." *Historia Philosophiæ Sinensis* (Brunsvigæ: Apud L. Schroeder), 20.

[2] David E. Mongello, *The Great Encounter of China and the West, 1500-1800* (Rowman & Littlefield, 2005), 96-97.

[3] Parker, "The Philosopher Ciucius," *John Chinaman*, 1902: 69 "This vocable stands for Tsêng-tsz (disciple of K'ung Fu-tsz, or Confucius), just as Mencius stands for Mĕng-tsz (Menfucius would do as well)"; "Tsêng-tsz, the philosopher Tsêng, Confucius' expositor and chief disciple ancestor of the Marquess Tsêng, former Minister to Great Britain. In 1330, the family chiefs of the Tseng and Meng (Mencius) houses were made perpetual hereditary dukes, like the representative of the K'ung family."（p. 60 注）在此之前，庄延龄已经开始使用 Cincius 代表曾子，如 Parker, "The Wilds of Hu-peh." *Up the Yang-tze* (Shanghai: Kelly & Walsh, 1899), 284，不过未加说明。

中还有若干次回英国度假、读书，不知是否与曾纪泽有过接触。

宋儒

"北宋五子"邵雍、周敦颐、张载、程颢、程颐，至少有四人被尊称为"夫子"。邵夫子邵雍：

> 此晁大夫所谓节其力而不尽，邵夫子所谓宽一分则民受一分之赐者也。（明黄训编《名臣经济录》卷五十一马廷用《漕船志》，晁大夫即晁错）

此事载于邵雍之子邵伯温的《邵氏闻见前录》卷十九："熙宁三年四月，朝廷初行新法，所遣使者皆新进少年，遇事风生，天下骚然，州县始不可为矣。康节先公闲居林下，门生故旧仕宦四方者，皆欲投劾而归，以书问康节先公。康节先公答曰：'正贤者所当尽力之时，新法固严，能宽一分则民受一分之赐矣。'"门生、后学称"邵夫子"，儿辈称"先公"，这些都是古中国礼数，有条不紊。

周夫子周敦颐：

> 至于本朝，濂溪周夫子始得其所传之要，以著于篇。河南二程夫子又得其遗旨而发挥之，然后其学布于天下。（朱熹《中庸集解序》）

"二程"即程颢、程颐,"程夫子"例见:

> 尚幸此书之不泯,故程夫子兄弟者出,得有所考,以续夫千载不传之绪;得有所据,以斥夫二家似是之非。盖子思之功于是为大,而微程夫子,则亦莫能因其语而得其心也。(朱熹《中庸章句序》)

朱熹,"朱夫子"例甚夥,如:

> 虽汉之董子,唐之韩子,亦得天人之理,未及孔孟之渊源。至邵子而玩索河洛之理,性命之微,衍先天后天之数,定先甲后甲之考,虽书不尽传,理亦显然矣。周子阐无极而太极,复著《通书》,其所授受,有自来矣,如星辰系乎天而各有其位,不能掩也。光风霁月之量,又不知其何似。二程之充养有道经天纬地之德,聚百顺以事君亲,前儒已诵之矣。至于朱夫子,集大成而继千百年绝传之学,开愚蒙而立亿万世一定之规,穷理以致其知,反躬以践其实,释《大学》则有次第,由致知而平天下,自明德而止于至善,无不开发后人而教来者也。(康熙《圣祖仁皇帝御制文》第四集卷二十一《朱子全书序》)

西方人当然懂得朱熹在中国地位的重要性,耶稣会士学习汉语几乎无不以《四书集注》为课本,郭纳爵(Ignatius Da

Costa，1599—1666）译《大学》为拉丁语（收入 *Sapientia sinica*）出版，在序中说明他使用的是"南京 nân kim editae Authore 朱熹 chū hì, qui libri vulgò dictur 四书集注 sū xū siĕ chú"。[1] 此即《四书章句集注》。朱熹的名字使用直音转写 chū hì。这个拼写法为后来学者继承。19 世纪德国人诺依曼做过一篇题为《中国人的自然与宗教哲学——从文公朱熹的观点看》长文，于 1837 年发表在莱比锡出版的《历史神学杂志》，他根据德语习惯对拼法加以损益，造出一个 Tschuhi，姓名连书。[2] 伦敦会传教士麦都思（Walter Henry Medhurst）1844 年在美部会的机关刊物《中国丛报》发表的《朱夫子论非物质性原则与原初物质》，主题是"理、气"、"太极"。朱夫子，麦都思拼作 Chu Futsz。[3] 大体同时代也有 Choo-foo-tze[4]、Choo Foo-tsze[5] 等写法。用 Chufucius 称呼朱子，不很普及，偶尔一见，如上世纪四十年代旅英学者崔

---

[1] *Sapientia sinica* (Jap-Sin III, 3a), f. 2r "Ad lectorem"; 参见 Albert Chan, *Chinese Books and Documents in the Jesuit Archives in Rome, Descriptive Catalogue: Japonica-Sinica I-IV* (Armonk, New York, and London: M. E. Sharpe, 2002), 10.

[2] D. Carl Friedrich Neumann, "Die Natur-und Religionsphilosophie der Chinesen, nach dem Werke des chinesischen Weltweisen Tschuhi, Fürst der Wissenschaft genannt," *Zeitschrift für die historische Theologie*, Vol. 7, No. 1 (1837): 1-88.

[3] W. Medhurst, "Philosophical Opinions of Chu Futsz on the Immaterial Principle and Primary Matter," *The Chinese Repository*, 10 (1844): 552-559; "Philosophical opinions of Chu Futsz regarding Taikih or the Great Extreme of the Chinese," *The Chinese Repository*, 12 (1844): 609-619.

[4] 参见英国圣公会传教士麦丽芝对《朱子全书》第四十九卷"理气论"的译注研究：T. McClatchie, *Confucian Cosmogony: A Translation of Section Forty-nine of the 'Complete Works' of the Philosopher Choo-foo-tze with Explanatory Note* (Shanghai: American Presbyterian Mission, 1874).

[5] J. Chalmers, "One Page from Choo Foo-tsze（湛约翰《朱夫子著作的一页》），" *The China Review* 4 (1876), 243-246.

骥所著《中国史纲》。[1] 对引入拉丁式拼法 Chufucius，新教学者方面有不支持的意见："（孔夫子、朱夫子）在西文里一般写成 Kung fútsz'、Chú fútsz'，拉丁化的写法 Confucius、Chufucius 实在是冗赘笨重。"[2] 其实，无论是书写还是阅读，拉丁化的 Confucius 都比 Kung fútsz' 简明、便利，反对的理由不免牵强。

公理会传教士卫三畏（Samuel Wells Williams）写过一部有百科全书规模的《中国总论》，这位博学的作者在介绍《四书》之时，顺便给孔孟何以称"夫子"做了个注解，当中也举了 Chufucius 的例：

> "四书"的第四种，在篇幅上相当于前三种之和，是为《孟子》，西文里译写为 Mencius、Mǎng tsz' 以及 Mǎng futsz'，最后一种写法即孟夫子，来自中国人对孟子的尊称。可注意者，汉文中"子"、"夫子"不属于名字本身，而是姓氏之后的附加成分，属于一种称号，相当于犹太人说"拉比"（rabbi）、我们西方人说"名师"（eminent teacher），只有最杰出的作者才配享有，以示非比寻常之伦。对孟子、孔子加以拉丁化，就产生了 Mencius、Confucius 这样的独立名词。其他也堪称优秀的作者如朱夫子、程夫子，他们的名字只写作 Chu futsz'、Ching futsz'，不做 Chufucius、Chingfucius

---

[1] Tsui Chi, *A Short History of Chinese Civilization* (London: Victor Gollancz, 1943) 157, "Small wonder that many of his disciples called him Chufucius!（朱熹的弟子称他朱夫子，足可惊异）"

[2] "Life and Writings of Chú." *The Chinese Repository*, Vol. XVIII (1849): 204.

式的拉丁化。这种处理类似于在 Bede 前面缀上 venerable，就成了圣比德（the Venerable Bede）。[1]

看来，西方人对孔孟和程朱的分量心中有数，并且有意在名字称呼上做出差别性处理，在中国人字面上似乎平起平坐的孔夫子、孟夫子、朱夫子、程夫子上面，拿拉丁化 -cius 表示出不同来；然唯独尊孔孟，程朱一般不以 -cius 相称。

老子、庄子、列子、黄帝、淮南子

老子，在西文里一般写作 Lao Tzû、Lao Tzu、Lao Tze/Laotze，以及现代流行最广的拼音形式的 Laozi。老子在西方地位很高，《道德经》译本数量在中国哲学著作中最多，而且是以绝对优势拔得头筹。与这一尊崇地位相称，老子有过一个拉丁化的名字——Laocius。这一写法跟中国传统无关，中国人从来没有叫过他"老夫子"（特别的尊称倒是有，如"老君"、"太上老君"），所以此拉丁词可以说是西方人对老子的"私谥"。Laocius 最迟见于 19 世纪中叶的西方文字（图四）：

> 比孔子略早的一个人物完全不同，他名叫"老子"，按

---

1 Samuel Wells Williams, *The Middle Kingdom: A Survey of the Geography, Government, Education, Social Life, Arts, Religion, &c., of the Chinese Empire and Its Inhabitants*, Vol. 1, 4th ed. (New York: Wiley, 1871) 521.

照 Confucius 的命名法，可称之为 Laocius。[1]

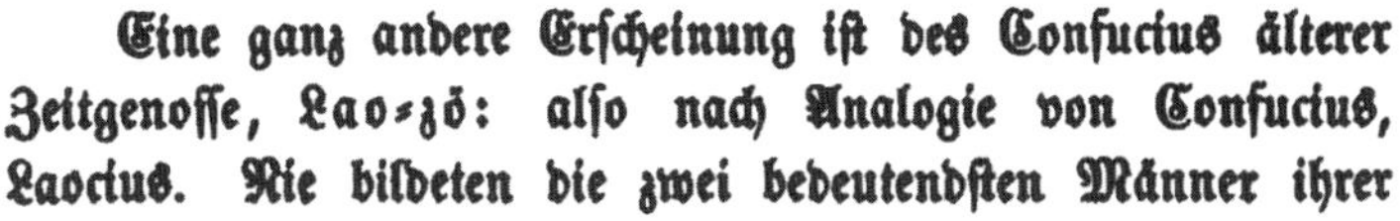

Eine ganz andere Erscheinung ist des Confucius älterer Zeitgenosse, Lao-zö: also nach Analogie von Confucius, Laocius. Nie bildeten die zwei bedeutendsten Männer ihrer

图四 本森《历史中的上帝》（1858）

提到 Laocius 的这本德文书《历史中的上帝——普世道德信仰演进史》[2]，书中此处没有注出是否使用参考文献。作者本森（Karl Josias von Bunsen，1791—1860）是纯西学出身，年轻时曾任大学者、普鲁士驻罗马大使尼布尔（Barthold Georg Niebuhr，1776—1831）的私人秘书，后来尼教授应聘波恩大学，回归教育科研事业，使职便由本森继承。驻罗马期间，本森对当时兴起的埃及楔形文字解读热发生了兴趣，投身其中，并推动德国考古研究所在罗马设立分支机构。后来本森调任英国大使，在任多年，直至退休。他勤于著述，作品很多，除了本职范围的政治、法律题目，他还撰写了有关罗马史、神学的多种大部头，七卷本的 *Christianity and Mankind, Their Beginnings and Prospects*（London: Longman, 1854）是一部具有今天人说的"全球史视野"的著作，第四卷 *Outlines of the Philosophy of*

---

1 „Eine ganz andere Erscheinung ist des Confucius älterer Zeitgenosse, Lao-zö: also nach Analogie von Confucius Laocius..." Christian Carl Josias Bunsen, *Gott in der Geschichte; oder, Der Fortschritt des Glaubens an eine sittliche Weltordnung*, 2. Teil (Leipzig: F.A. Brockhaus, 1858) 60.

2 Christian Carl Josias Bunsen, *Gott in der Geschichte; oder, Der Fortschritt des Glaubens an eine sittliche Weltordnung*, 2. Teil (Leipzig: F.A. Brockhaus, 1858), 60.

Universal History, Applied to Language and Religion 有涉及汉语文的专门章节，属于早期语言类型学的路数，但是没有涉及中国的思想文化，也没有出现 Laocius 一词。因为本森并不是汉学家[1]，他使用 Laocius 这一词，有可能是引自他人著作，其来源有待确认。

新教传教士屡屡提到 Laocius。1877 年，德国礼贤会传教士花之安写过 "Confucius und Laocius"（孔夫子与老子）。[2] Laocius 一词的说文解字，庄延龄的说法最清楚明确：

> 在汉语文的命名规则里，"子" 有与拉丁语名字里的 us, ius, cius 差同的作用，比如道家诸子中，列子（Lieh-tsz）可以称为 Licius，庄子（Chwang-tsz）可以称为 Sancius，黄子（Hwang-tsz，引者按：指黄帝）可以称为 Vancius。这一点完全可以比照 Confucius、Mencius 的先例办理。fu 夫，表示道德地位之崇高，所以 Confucius 实际上也可以说

---

1 虽说本森作为 19 世纪上半叶的欧洲知识分子，他对中国已起关注，但他本人与中国没有直接的政教瓜葛，他对中国的知识应该出于二手。然而驻英的经历，无疑大大提高了这个普鲁士人的世界意识，促进了他对远东的向往，并在下一代实现了远东之行。他一共生了五个儿子，生于罗马的次子 Theodor V. Bunsen (1832—1892)，也走上外交官之路，1860—1862 年作为随员随普鲁士使团前往东亚，访问过中国、日本和暹罗。1878—1884 年清驻德公使李凤苞曾经在柏林多次与这位任职于德意志帝国外交部的官员芬班生（又作班生）会晤："曾充出使中国之随员，创立合约，回国后充外部总办。其父曾为驻英之德使。兄弟三人，俱娶英女。苞前译德之英使瓦德日记，知与其父友善。"见《使德日记》（长沙：岳麓书社，2016 年），第 190—191 页。
2 Ernst Faber, *Der Naturalismus bei den alten Chinesen oder die sämtlichen Werke des Philosophen Licius: übersetzt und erklärt* (Elberfeld: Verlag von R. L. Friedrichs, 1877), 81, 223.

Concius，而 Mencius 也可以称为 Menfucius，同样老子可以称为 Laucius。[1]

庄延龄所撰《中国宗教研究》的第三部分第一章，以《老孔道德抗衡论》为题（图五）：

CHAPTER I [1]
LAOCIUS AND CONFUCIUS AS RIVAL MORALISTS

图五　庄延龄《中国宗教研究》第三部分第一章标题：《老（Laocius）孔（Confucius）道德抗衡论》（Parker, *Studies in Chinese Religion*, London: Chapman and Hall, 1910, p. 155）

庄延龄对此曾不止一次加以补充：

（中国古人）在一个带"子"的名字当中加上一个"夫"字，表示尊崇特别的敬意。不过，这种敬称法并没有普及到很多哲学家头上，只有"孟夫子 Mencius"、"孔夫子 Confucius"。称老子为"老夫子"，确属实至名归的事，然而亘古未见使用。我们且称他为 Laucius。同理，列子就是 Licius，庄子就是 Sancius。[2]

1　E. H. Parker, "The Taoist Religion." *The Dublin Review,* 133 (1903): 360-376, *reprinted separatum (London: Lizac & Co., 1910), 5.*
2　E.H. Parker 1903, 51 n.1: The addition of the syllable *fu* to the particle *isz* adds dignity, but it is not conceded to many philosophers. Thus, Menfucius or Mencius, Confucius or Concius. Laofucius would be appropriate, but it has never been accepted; we say Laocius; the same with Licius, Sancius, etc.; Parker, *The Dublin Review*, 1904:160 "Sancius viii, 6-7".

庄延龄似乎不知道"老夫子"在中国确有其词，不过别有用法，可褒可贬，不是专名，更不是他意想中对老子的敬称。

Laocius 这一译名至迟于 1913 年登上了大学讲坛，见于苏慧廉（William Edward Soothill, 1861—1935）《中国三大宗教牛津讲演录》。[1] 苏慧廉早年代表英国偕我会（United Methodist Free Churches）来华传教，驻温州二十六年，对汉传佛教有深入的研究，著有《汉梵英佛教术语词典（附梵巴索引）》，身后由他的同道友人、多年在福州传教的美国公理会何乐益（Lewis Hodous）整理出版。该词典的"老子"词条如下：

老子 Lao Tzǔ, or Laocius, the accepted founder of the Taoists. The theory that his soul went to India and was reborn as the Buddha is found in the 齐书 History of the Ch'i dynasty 顾欢传.[2]

词典编纂家对这一词青眼有加，予以著录，有利于保存、流传，这不寻常。

道家者流中的 Hwang-tsz，庄延龄赋以 Vancius 之名。根据

---

[1] William Edward Soothill, *The Three Religions of China: Lectures Delivered at Oxford* (London/New York: Hodder and Stoughton, 1913, rev. edition 1929). 他的遗作 *The Hall of Light: A Study of Early Chinese Kingship*, (edited by Lady Hosie and G. F. Hudson, Cambridge: James Clarke & Co., 1951), 180, 也是写 Laocius。

[2] William E. Soothill & L. Hodous, *A Dictionary of Chinese Buddhist Terms: with Sanskrit and English Equivalents and a Sanskrit-Pali Index* (London: Kegan Paul, 1937), 218.

字音推测应是"黄子",考庄延龄《道家研究》:

> 汉代第三帝的太后笃好"Hwang-Lao"……司马谈曾经详考道家学说类的黄子（Hwang-tsz or Vancius）。[1]

据此可知所指正是黄老道家之学。但是"黄子"这个词不存在,黄帝作为古圣王也不能称"子"。

把列子的名字拉丁化为 Licius,已经见于前文引述的 1877 年出版的花之安《古代中国的自然主义暨列子译注》。[2]

淮南子本来在诸子中不甚突出,但是因为属于广义的道家,也是研究道教的庄延龄关注、细读的对象,所以他也为淮南子想出了一个拉丁名——Vainancius。[3]

墨子

墨子,现代西方汉学一般都叫他 Mozi。[4] 墨家哲学、名学研究的名家葛瑞汉（A.C. Graham）的名作: *Later Mohist Logic,*

---

[1] Parker 1910: 8-9.
[2] Ernst Faber, *Der Naturalismus bei den alten Chinesen oder die sämtlichen Werke des Philosophen Licius: übersetzt und erklärt* (Elberfeld: Verlag von R. L. Friedrichs, 1877).
[3] Parker 1900, "The Taoist Religion," 8: "At the same time, a cousin of his, the Prince of Hwai-nan, though less successful as a collector, specially distinguished himself a generation later as a Taoist writer, and is in consequence known to history as Hwai-nan-tsz, or, as we might say, Vainancius."
[4] 近年有《墨子》英文译本出版: *The Mozi: A Complete Translation,* by Ian Johnston (Columbia University Press, 2010), 944 pp.

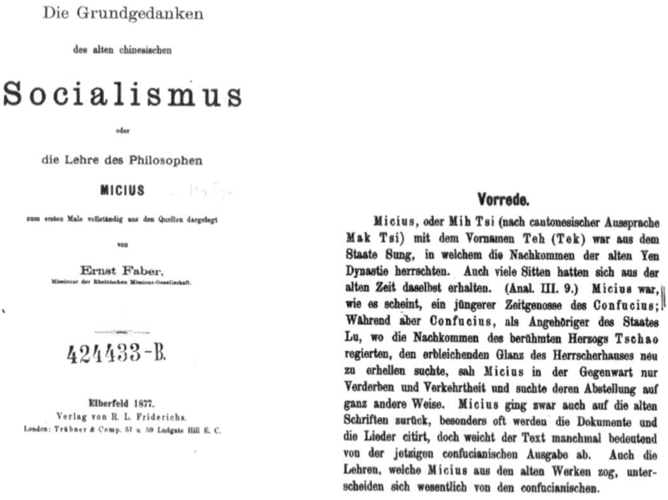
Die Grundgedanken

des alten chinesischen

Socialismus

oder

die Lehre des Philosophen

MICIUS

zum ersten Male vollständig aus den Quellen dargelegt

von

Ernst Faber,

Missionar der Rheinischen Missions-Gesellschaft.

424433-B.

Elberfeld 1877.

Verlag von R. L. Friderichs.

London: Trübner & Comp. 57 u. 59 Ludgate Hill E. C.

Vorrede.

Micius, oder Mih Tsi (nach cantonesischer Aussprache Mak Tsi) mit dem Vornamen Teh (Tek) war aus dem Staate Sung, in welchem die Nachkommen der alten Yen Dynastie herrschten. Auch viele Sitten hatten sich aus der alten Zeit daselbst erhalten. (Anal. III. 9.) Micius war, wie es scheint, ein jüngerer Zeitgenosse des Confucius; Während aber Confucius, als Angehöriger des Staates Lu, wo die Nachkommen des berühmten Herzogs Tschao regierten, den erbleichenden Glanz des Herrscherhauses neu zu erhellen suchte, sah Micius in der Gegenwart nur Verderben und Verkehrtheit und suchte deren Abstellung auf ganz andere Weise. Micius ging zwar auch auf die alten Schriften zurück, besonders oft werden die Dokumente und die Lieder citirt, doch weicht der Text manchmal bedeutend von der jetzigen confucianischen Ausgabe ab. Auch die Lehren, welche Micius aus den alten Werken zog, unterscheiden sich wesentlich von den confucianischen.

图六 花之安《古代中国的社会主义：墨子哲学学说探本》

Ethics and Science (Hong Kong: Chinese University Press, 1979)，使用的是威妥玛翟理斯转写法 Mo-tzu。胡适在他用英文撰写的博士论文《先秦名学史》里用 Moh Tih（墨翟）。[1]

墨子有一个拉丁式译名——Micius，始作名者似乎是前文已经提及的德国人花之安。1877 年他出版了两部书：一本是上文已经提到的《列子》研究，另一本是《古代中国的社会主义：墨子哲学学说探本》（图六）[2]，两本书的主人公名字 Licius、

1 Hu Shih, *The Development of the Logical Method in Ancient China* (Shanghai: The Oriental Book Company, 1922), Part I, 1.

2 Ernst Faber, *Die Grundgedanken des alten chinesischen Socialismus: oder, Die Lehre des Philosophen Micius, zum ersten Male vollständig aus den Quellen dargelegt* (Elberfeld: Verlag von R. L. Friedrichs, 1877); *The Doctrines of the Philosopher Micius*, Tr. from German by C.F. Kupfer (Shanghai: American Presbyterian Mission Press, 1897).

Micius 也是协调的一对，看来都是花之安的创意。

这一 Micius 写法，后来也有人承用，如 1915 年出版的黑斯廷斯《宗教与伦理学百科全书》设有 Micius 专条（P. J. Maclagan 撰写）。[1] 1921—1922 年作为遗著出版的马克斯·韦伯《经济与社会》，在讨论经济社会学中涉及中国古代的八大流派，主张节用、节葬的 Micius 当然不会错过。韦伯引用了花之安的有关著作。[2] 吴国桢 1926 年在美国普林斯顿大学的博士论文《中国古代政治理论》使用 Micius（墨子）、Micianism（墨家）。[3] 此外还有美国汉学家德效骞撰写的古代思想史论文[4]，挪威传教士霍砍（Sverre Holth）民国时期在商务印书馆出版的英文《墨子小传》[5]。庄延龄后来偶尔使用 Meccius 来拼写墨子，似乎是感受到了 Micius 的拟音在前一个元音上有距离，改 i 为 e；Mec 似乎是考虑到墨字的词尾入声。[6] 浸礼会传教士、英国人库寿龄《中华百科辞典》

1　James Hastings (ed.), *Encyclopædia of Religion and Ethics*, Vol. 8 (Edinburgh: T. & T. Clark, 1915), 623-624, "'Micius' is the latinized form of the words otherwise transliterated Mih Tsze, or Mo Tsze, meaning 'the philosopher Mih'."
2　Max Weber, *Wirtschaft und Gesellschaft: die Wirtschaft und die gesellschaftlichen Ordnungen und Mächte, Entstehungsgeschichte und Dokumente*. Gesamtausgabe Bd. 24 (Tübingen: J.C.B. Mohr, 1984), 359.
3　Kuo-Cheng Wu, *Ancient Chinese Political Theories* (Shanghai: The Commercial Press, 1928).
4　Homer H. Dubs, "The Conflict of Authority and Freedom in Ancient Chinese Ethics," *The Open Court*, 1927/3: 139-149, esp. 144 "Micius or Mo Ti was a younger contemporary and follow-countryman of Confucius"; 146 "just as Micius was carried out by his principle…"
5　Sverre Holth, *Micius: A Brief Outline of His Life and Ideas* (Shanghai: The Commercial Press, 1935).
6　Parker, *Studies in Chinese religion*, 1910, 148, "… the book, in nine sections, of Lao-tsz's own pupil Wên-tsz, who was also the pupil of Confucius' disciple Tsz-hia, and who is mentioned in the well-known work of the philosopher Mêh-tsz or Meccius."

Mo Tzû（墨子）词条著录多种译名，就包括了 Micius。[1]

结语

西方传教士和早期汉学家对周秦汉哲学家的名号给出拉丁化的写法，据不完全统计，主要有如下这些：

孔子	Confucius	（耶稣会士）
孟子	Mencius	（耶稣会士）
曾子	Cincius	（庄延龄）
老子	Laocius/Laucius	（？→本森、花之安）
庄子	Sancius	（庄延龄）
墨子	Micius	（花之安）
	Meccius	（庄延龄）
列子	Licius	（花之安）
淮南子	Vainancius	（庄延龄）
黄子	Vancius	（庄延龄）

这些拉丁名字形式大部分后来没有普及开来，现在广泛应用的仍然只是 Confucius（孔子）、Mencius（孟子）这两个名字。最近几十年大行其道的是拼音形式，但是孔子、孟子例外，

---

[1] Samuel Couling, *The Encyclopaedia Sinica* (London: Oxford University Press / Shanghai: Kelly and Walsh, 1917), 383.

依然保持传统名称，可见约定俗成、名从主人是一股韧性势力，不是政令可以一时扭转的，就连孔子学院，官方译名都是 The Confucius Institute，并不执着于一定用汉语拼音。另一方面，拉丁式译名只在小范围内流通，但是值得注意的是，有个别译名却有出人意表的命运转折，如墨子 Micius 就是一个例子，前些年曾经有学者对推行 Micius 的写法殊不以为然，预言"改名运动"最终将归于沉寂。[1] 然而，墨子不属于哲学家专有，科学家和科学史家也把他看作是自己行业的古贤。中国于 2016 年 8 月 16 日发射成功的量子试验卫星取名"墨子号"，外语名使用了 Micius 这一拉丁式译法，此也体现在对外文宣中（如：the Micius satellite, named after an ancient Chinese philosopher, was launched in August 2016）（图七），确认了它的通用术语意义。[2]

将中国经典翻译成西文，可说是一项"东学西渐"的事业。赋予孔夫子以一个看上去与 Lucretius、Plinius、Livius Titus 构形一样典雅的拉丁名 Confucius，一个名字写成一个词，这是语言学上讲的词汇化，思想史上讲的概念化，而不是按照音节、一节一顿地写成 Kung Fu Tze / Kong Fuzi，让不懂汉语文的读者平添陌生感。这透露的无论如何都是 16 世纪第一代耶稣会士向罗马教廷、欧洲宫廷和读书界推介中华文明的善意。不知道那时候徐光启、李之藻和读书识字的教友是否看出了这里的苦

---

[1] Chad Hansen, *A Daoist Theory of Chinese Thought: A Philosophical Interpretation* (Oxford University Press, 1992), 394.
[2] https://www.sciencemag.org/news/2017/06/china-s-quantum-satellite-achieves-spooky-action-record-distance（2020 年 6 月 28 日读取）。

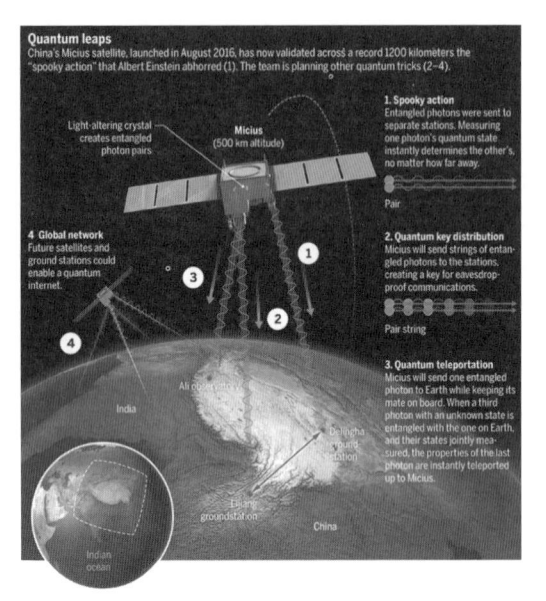

图七 量子试验卫星墨子号（Micius）工作示意图（Sciencemag.org, Graphic: C. Bickel/*Science*; Data: JianWei Pan）

心和名堂。

在来华外国人中，传教士是最重视名字的一个群体。这与他们的神圣使命有直接关系，不远万里，来到中国，他们要接触人，征服人心，传播福音。且看第一代、第二代耶稣会士如何用汉名自报家门：罗明坚、利玛窦、龙华民、瞿安德、郭居静、南怀仁、汤若望、钱德明、费奇观、金尼阁、殷弘绪、郎世宁。他们自己的葡萄牙、意大利、西班牙、法兰西、德意志语言的本名，名姓加在一起往往有十个八个音节，假使把上述十二个人名一一录写，这里将要占掉六行以上的篇幅，所以本

50

文在此从简。按音阶转写成汉字,那么汤若望(Johann Adam Schall von Bell)就是"约翰·亚当·沙尔·封贝尔",郎世宁(Giuseppe Castiglione)就是"朱塞佩·伽斯底里奥内",如此这般丁是丁卯是卯地机械音译过来,固然是忠实原文了,但是结果佶屈聱牙,无人记得住,只会令人望而生畏。两相比较,长劣短优,一目了然。更何况传教士们进一步,还向士大夫学会了起字号:汤若望,字道未,典出《孟子·离娄》:"文王视民如伤,望道而未之见。"汤执中,字精一,名、字相关,典出伪《尚书·大禹谟》:"人心惟危,道心惟微,惟精惟一,允执厥中。"《论语·尧曰》:"允执其中。"卫三畏,卫姓来自他的姓氏Williams第一音节的音译,三畏分别来自他的名字Samuel Wells第一音节的音译,在选字上则用了《论语·季氏》"君子有三畏"的典:"畏天命,畏大人,畏圣人之言。"音义兼顾,用心之巧,实属最高水平的音译名。

还有一个问题应该提出来:因为翻译《四书》,天主教传教士开始设法翻译古代圣贤、作者的名字,此后的三百年间陆续有一些新点子出来,范围扩展到思想史的更多人物。如将"老子"写成Laocius,意义何在?因为Laocius本质是一个具有印欧语形态的词,它可以有屈折变化(flexion),可以按照西方语言的语法规则派生关联词。以词尾一样的Lucretius(卢克莱修,罗马哲学家)为例,在英语中,卢克莱修派可以说Lucretian,他的"主义"就是Lucretianism。事实上,Laocius已经有Laocian"老学家"这样的派生词。[1] 在墨学的范围，也有 Mician "墨家"（德效骞 "Against the Micians..."），Micianism "墨家学说"（德效骞 "Micianism came to be a very dangerous rival of Confucianism"）。[2]

　　Confucius 一名在世界范围已经立足数百年，派生词已很丰富：Confucian "儒家、儒生"，Confucianism "儒家学说"，此外还有形容词 Confucianistic 等等。讲柏拉图哲学，全套的术语武库也不过就是 Platon, Platonic, Platonism, Platonist, Platonistic 这些词可供驱遣。仍以"老子"为例，如果在 Laocian 之外，按构词法更进一步创造新词 Laocianic, Laocianism, Laocianist, Laocianistic，那么今后讨论老子哲学，必要的术语就齐全了。这是概念化，对学术研究至关重要。以往讨论老子哲学，往往需要乞灵于 Taoism（现在有新的拼写形式 Daoism，以与通行的汉语拼音相适应）这一词帮助表达，但这只是一权宜之计，因为老子哲学不等于所含至广、甚至时时处处可以非常笼统、模糊的 Taoism。

　　拼音词是在文字层面的拉丁化，背后仍然是汉语，Laozi 无法屈折，也很难作为基础词"制作"西方语言的派生词。Laocius / Laucius 这词从音形义三方面看都是一个好创意，与现在法定通行的拼音写法 Laozi 距离不远，容易识别，应可作为一个学院式的特殊写法让它存在、发挥作用。古人说，"言之无

---

[1] Parker, *Studies in Chinese Religion*, 173, "the very un-Laocian allusions to Lao-tan's words in the Book of Rites".
[2] Dubs 1927: 146, 144.

文，行而不远"，"名不正，言不顺"。

或许有一天，有人想办一所老子学院，西文名不妨使用拉丁形式的 Collegium Laucium，超越国别语，比 The Confucius Institute 更国际化。

李零教授写过一部《我们的经典》（生活·读书·新知三联书店，2013年），从《论语》、《老子》、《孙子》、《周易》出发，概括中国思想的本质：

> 我们的经典，是在现代人眼中最能代表中国古典智慧的四部书。
>
> 《论语》是儒家的代表，《老子》是道家的代表。讲人文，这两本最有代表性。
>
> 《孙子》讲行为哲学，《周易》经传讲自然哲学。讲技术，这两本最有代表性。
>
> 这四本书年代早，篇幅小，比其他古书更能代表中国文化，也更容易融入世界文化。

这种选书格局打破老古董的经书、子书藩篱，着眼智慧，放眼世界。虽然作者——不排除是出于自谦——不认为与四书五经、十三经有何关系，但是他对各书获选理由的说明如是聚焦于经典的代表性，读者自然不妨视之为李零先生李夫子郑重推荐的"四书"。"李夫子四书"，戏仿拉丁语书名就是 Tetrabiblion Licii。

谨以此篇微不足道的札记,献给李零教授七十岁生日。

(原刊《中国早期数术、艺术与文化交流——
　　李零先生七秩华诞庆寿论文集》,
浙江大学艺术与考古研究特辑二,2021年6月)

中国情调的德国君主版画肖像

这幅四围刻满歪歪扭扭的汉字的西洋木版画，诞生于1685年。上方的铜版画应该是其蓝本，画家与年代不详。画中的主人公是德国历史上的伟人，大名"勃兰登堡的腓特烈·威廉"（Friedrich Wilhelm von Brandenburg），1620年生于施普雷河畔的科隆（今柏林中区），1688年殁于波茨坦。这个出身于赫赫有名的霍亨索伦家族的贵族，打二十岁起先后承袭侯爵、大司库、神圣罗马帝国勃兰登堡公国的侯爵，进而荣登普鲁士大公的宝座。这位政治家有抱负、思进取，文武双全，在位的几十年间厉行改革，一系列的内政外交举措使得勃兰登堡—普鲁士上升为小国林立的德国诸邦中的超级大国，霍亨索伦家族一跃成为德意志诸王室中的大哥大，因此他本人也于1675年获授大选帝侯的尊号。

版画下栏题记署1685年，当时大选帝侯年届六十五岁，距他担任勃兰登堡大公、出将入相开始政治生涯，正好四十五年，这便是左边栏题语的意思。正是在这一年，法国国王取消"南

勃兰登堡大选帝侯腓特烈·威廉画像（铜版画）

大和货重武画像（柏林国家图书馆 Lib.sin.19）

特敕令",展开对改宗新教的法国人的公开迫害。当此关头,作为加尔文教派的热忱追随者与支持者,腓特烈·威廉当然觉得责无旁贷,遂于法国展开宗教新政的二十天之后,于11月8日发布"波茨坦敕令",洞开普鲁士的大门,接受胡格诺派难民达一万五千人以上。后来的历史表明,此举对普鲁士的工业化进程造福巨大,对柏林地区的人文教育事业也产生了深远的影响。

翌年初,腓特烈·威廉又发布"大选帝侯敕令",表明普鲁士涉足远洋事业的决心。他说:"航海与贸易乃立国之本,借此小民可经由水路获致食粮生计,俾使与陆地生产制造相辅相成。"在此之前,普鲁士已经在荷兰的帮助下建立了海军,在海外拓殖方面,也有勃兰登堡亚非利加公司(Brandenburgisch-Afrikanische Compagnie)在几内亚成立,从事在西非、北美和欧洲之间经营奴隶买卖。他的开明态度背后有一个殖民战略的深远谋划。他在致力于建设海军的同时,眼光投向印度洋、太平洋,希望建立他自己的东印度公司。这项雄心计划在他在世的时候没有实现,勃兰登堡东印度公司的活动不仅没有超出过东非,到1732年整个公司竟然完全寿终正寝。要等到19世纪末借列强先后登陆大清疆土的东风,德国才在胶州湾分得一杯羹,不过这是题外话了。

这幅版画的原版下落不明,柏林德国国家图书馆东亚部现存有两张刷印件,定为汉文善本。作者情形无记录。学者推测,这幅版画的汉字设计出自大选帝侯的御医兼咨议官门采尔博士(Christian Mentzel,1622—1701)。他从1658年开始跟随勃兰登堡的腓特烈·威廉，两年后就被委任为御前医官，从此专门为王室服务，并随军征战，直至大选帝侯 1688 年去世。在这期间，1685 年当选为普鲁士医学院（Collegium medicum）的院士。大约也是在这段时间，前任图书馆馆长安德烈亚斯·缪勒（Andreas Müller，1630—1694）因与大选帝侯关系不睦而卸职，大选帝侯把这项差事交给了门采尔这位自学成才的汉学家，继续为他管理藏书，每年另加两百个塔勒尔的薪水。据统计，在这两位馆长任内，大选帝侯图书馆的中国图书藏量达到约四百之数，后来转归普鲁士王家图书馆，成为当今德国柏林国家图书馆中文善本基藏的底子。[1]

大选帝侯在任期间与中国没有什么直接的外交往来，但是个中国迷，对汉文汉籍兴趣很深。由于普鲁士是新教地区，当时还没有展开远东传教，但是上流社会和士流中间已经流传由耶稣会士带回的种种记录、传闻。博学多才的安德烈亚斯·缪勒在这种时代风气下，琢磨出一种解析汉字的方法，他自己称为"汉文锁钥"（Clavis sinica），上呈御览，大选帝侯深加赞许，建议他使用"勃兰登堡发明"（Inventum brandenburgicum）的副标题，大有据为己有之意。寒士缪勒见机而动，请求大选帝侯拨款两千塔勒尔作为出版费用。大选帝侯并不慷慨，缪勒郁闷离去。据说，"汉文锁钥"的手稿丧身回禄。很有意思

---

1 详见 Eva Kraft, Die chinesische Büchersammlung des Großen Kurfürsten und seines Nachfolgers, in: *China und Europa. Chinaverständnis und Chinamode im 17. und 18. Jahrhundert*, Berlin: Staatliche Schlösser und Gärten 1973, 18-25。

的是，门采尔展开他的汉语研究，继续使用同样的拉丁文题目"汉文锁钥"，令与他通信讨论的莱布尼茨很是诧异。看来，富于"彻底性"的普鲁士人喜欢善终若始，而这个课题名称本来就是最高首脑关注认可的，中途换了人，事情还要接着做。

有记载表明，门采尔受大选帝侯之命，常常要刻书，而他自己也有著作梓行。在这个背景下，出现这样一张为好奇君主制作的木刻肖像画，转着圈用汉字写满名衔尊号，就不是很可怪的事了。

门采尔决定学习汉语的时候，已入花甲之年。但他很肯努力，到处修书问道，为尽快掌握"没有我们欧洲人习惯的字母，全是单字和词组"的汉文寻找终南捷径。当然，缪勒几十年的摸索也应该留下一些经验和材料，使他得以少走弯路。1685年，门采尔刊行了他的第一部汉学著作《拉汉字萃》（Sylloge minutiarum lexici latino-sinico-characteristici），虽然仅有40页，但也属于世上最早的汉西双语词典。他再接再厉，于翌年纂成《中国大事年表暨中华古今帝王谱》（Kurtze Chinesische Chronologia oder Zeit-Register aller Chinesischen Käyser: Von ihrem also vermeinten Anfang der Welt bis hieher zu unsern Zeiten），经过修订，于1696年刊行。据考，这个帝王世系谱的蓝本是当时中国的一种幼学读本《小儿论》的附录《历代帝王总记》[1]，在今

---

1 参见 David Mungello，Curious Land: Jesuit Accommodation and the Origins of Sinology，Stuttgart 1985，第240页注88；有陈怡中译本：孟德卫《奇异的国度：耶稣会适应政策及汉学的起源》（郑州：大象出版社，2010年），第265页注98。

天看来，未免幼稚，但正是在编译的过程中，门采尔得以有充分的机会认识中国帝王名氏、称号的基本词汇与构词方式，汉译西的经验为他进行西译汉的尝试无疑打下了基础。我们不难想象，冗长的帝王尊号、抽象的词汇引起了他的浓厚兴趣。"平思"、"重武"，难道不就是中国古人所说的"一张一弛，文武之道也"？

现在来说说怪字怪语。这张版画在普鲁士王家图书馆沉睡了两百多年之后，首次由 1903 年的《柏林年历》（Berliner Kalender）制版公开。几年后，汉学家罗佛（Berthold Laufer，1874—1934，别译劳费尔）在他的论文《中国耶教艺术》（Christian Art in China. *Mitteilungen des Seminars für Orientalische Sprachen.* 1. Abt./13: 1910, 100—118；有 1939 年北京隆福寺街文殿阁书庄翻印本）顺带把这幅版画提出，指出其始作俑者非门采尔莫属，并对其题名文字加以诠释，很是细致周全：

> 版画的下沿文字"一千六百八十五年天主"，"天主"两字当然指基督教的"我主"，但是这个词的位置放错了。左边的文字是"比朗德各尔日（*pi-lang-teh-ko-erh-jih* = 勃兰登堡）四十五年"。天头一行的意思似乎是"大选帝侯、武士画像"。右边的文字义为"极具智慧的选帝侯平思、武士、神圣皇帝"，"平思"可能指代腓特烈·威廉（"The highly intelligent Elector *P'ing-ssŭ* [perhaps for Fredrick Williams; *p'ing* = peace = Fried-rich], the Warrior, the holy Emperor"），平

即"和平"。

罗佛所说甚是，如下几个枝节问题尚有讨论余地。

其一，"大和货"。这个词很刺目，现代汉字文化圈的读者看了，免不了会疑心是兜售日本产品的广告。但是看图识字，这个词另有所指，是不必怀疑的。即使不熟悉这张面孔，从勃兰登堡这个关键词和王公的执政年数不难猜到整幅画的德国背景。"大和货"应是德语 Grosser Kurfürst（大选帝侯）的省译，"大"是 Groß 的意译，"和货"是 Kurfürst 的音译，但似有方言背景。这类迹象在门采尔著作中也有出现，此处姑不详论。

其二，"比朗德各尔日"的读法跟勃兰登堡不甚相合。按：罗佛认定的"各"字，版画上其实是个错字，从德文 Brandenburg 反推，带宝盖头的汉字里字音接近 -bur- 音节的无外乎"宝"字。这个读法优于"各"、"客"，勘正为"宝"，字音、字形上都可以讲得通。

其三，罗佛把"明明和货平思重武×帝"对译成 The highly intelligent Elector P'ing-ssǔ（"极富智慧的平思选帝侯"），"明明"对译帝王将相时代的德语表达（Seine）Durchlaucht，霍亨索伦家族的王公都用这个敬称，原型找对了，但是语义上德文的 Durchlaucht 和汉文的"明明"并不指优良的智慧素质。中国古代称呼王公、达官有"明王"、"明公"、"明侯"、"明府"等等说法，方是这个美称的正解。形容词叠音式的"明明"，当出自《诗经》成语"明明天子"。若按罗佛的字面解释，不免丢掉一个了解门采尔那个时代学者对中国诗书成语修养程度的线索。

×字到底是什么字？罗佛没有正面说，但是他的译文 the holy Emperor 表明他把此字读为"圣"。从字形推测，这个写法含糊的字也有可能是"皇"。但有一个更大的问题：画中人物明确是大选帝侯，那他就绝不能称为皇帝。当时神圣罗马帝国的皇帝是哈伯斯堡家族的列奥波德一世 (Leopold I., 1640—1705)。大选帝侯的儿子腓特烈一世（1657—1713）才坐上普鲁士国王的宝座。问题的关键另有所在：画里的这个半拉字，不管是读"圣"还是读"皇"，中心字眼"帝"字却是清清楚楚的。

跟"明明"这个美称（epithet）贯通起来看，大和货这一串尊号的逾分僭越味道更其明显。如何解释？究竟说来，我们不知道这张肖像的作意。有可能是游戏之举，臣下阿谀讨好，哄大选帝侯高兴，让他在赛里丝文里悄悄登一次基，神不知鬼不觉。文人狡狯，当然也不是不可能。

其四，"平思"、"重武"如何理解？罗佛对"平思"作意译的复原，实在是灵机一触，窥破门采尔的思路。既然"平"来源于德语原名的 Fried"和平"，那么"思"如何安置？可惜 rich（< reich）的意思是"多，富"。把"平思"——Friedrich、"重武"——Wilhelm 做通盘考虑，这两个汉文译语词的来历可能有一个语义背景：

    Friedrich"平—重" → 平思
    Wilhelm"思—武"   → 重武

"重"由rich"多、富"引申,"武"由helm"头盔、兜鍪",这姑且可称为"语源翻译法"。门采尔会这样说文解字吗?但是,请注意,这里发生了一个交错,用符号表示:

(1) A+B　　　→　　(1)' A+C
(2) C+D　　　→　　(2)' B+D

这个交叉重新排列组合假如成立,那么自然要问,它是有意为之的结果(比如,译者必欲从德语原名里硬性找出符合汉文化习惯的姓、名来,这样就把首音节看成姓,末音节看作名),还是因为某种偶然因素形成(比如说,门采尔本来写的"平重"、"思武",在不识汉字的日耳曼刻工手里搞颠倒了)?

这幅版画虽然是纯汉文版,但当时似乎并没有流传到中国来。外国人用汉文写作,早期的材料本来就很稀见。而这张版画的题词又是古代洋人用汉文创造他们自己帝王的尊号,品种尤为奇特。可幸复原的工作已由罗佛打下基础。踵武前贤,进而求得一个完全的解释,又谈何容易。敬请高明批评。无论谜语猜得对错,笔者的本心不过是借此向这位三百一十年前去世的爱好吾华语言文字的洋学者表示一点敬意。

(原刊《东方早报·上海书评》2011年4月3日)

木活字的德国造
——柏林"华文字模"观展记

2016年7月8日至10月9日,普鲁士文化遗产基金会柏林工艺博物馆假座德京东郊的柯溢尼克宫苑(Schloss Köpenick,图一),举办一个题为"称颂伟业——柏林宫收藏的热拉尔·达格利漆器艺术"(Lob der Guten Herrschaft. Die Lackkunst des

图一 柏林郊区柯溢尼克宫苑(Schloss Köpenick)

Gérard Dagly im Berliner Schloss）的展览。

达格利（Dagly）家族以善于制造精美的巴洛克风家具驰名于17世纪的欧洲，各国宫廷争先邀约其家族成员去担任"将作大匠"。热拉尔·达格利（Gérard Dagly，约1660–1715）的技艺赢得普鲁士大选帝侯——勃兰登堡的腓特烈·威廉的青睐，1686年他奉宣入宫，翌年受命出任大内秘藏艺术家之职。热拉尔果然不负君主之望，建立了欧洲第一家漆艺作坊。他的代表作是一个钱币柜（图二），艺术史上大有讲头：这个现藏柏林工艺博物馆的木柜是近代欧洲眼光向东、学习东亚漆器设计与工艺的例证。（图三）

图二　达格利设计的钱币柜
©Staatliche Museen zu Berlin, Kunstgewerbemuseum / Tomasz Samek, Münster

图三 达格利设计的钱币柜局部

　　这个展览颇具匠心之处，在于策展人将达格利工艺放在时代的大背景之下观照。在中国关联一方面，大航海时代的揭幕，海路交通的拓展甚至为欧洲带来了遥远东方的精神文明产品：书籍。柏林的宫廷很快就汇集到近四百部汉文版刻书，而这正是中国人利用木头对人类文明做出的伟大贡献。在这个展览中，观众可以看到与木器工艺有关的东亚版刻艺术品——梅膺祚编纂的《字汇》明刻本。这部书柏林国家图书馆原来藏有三套，除了现存这一套全本，还有一套被选帝侯的御医兼咨议官门采尔（Christian Mentzel，1622—1701）博士裁开，一条一条地加注他的独特拼音和译文，然后粘贴进他1698年完成的九大卷《汉字大全》（Lexicon characteristicum Chinensium）之中。第三套是不全本，大约在1910年前后剔除。

版刻书之外，这个展览还从柏林国图商借到另三件珍品，其中之一为著名的"华文印字模"（Typographia sinica，图四），这3287个约2.5公分见方的榉木活字，系由大选帝侯图书馆总管安德烈亚斯·缪勒（Andreas Müller,）设计制造，原来的意图或许是想以此印书，有可能就是印制他自己独创的《汉文锁钥》（Clavis sinica，图五）。

图四　华文字模的部分汉字与部首（德国柏林国家图书馆藏）

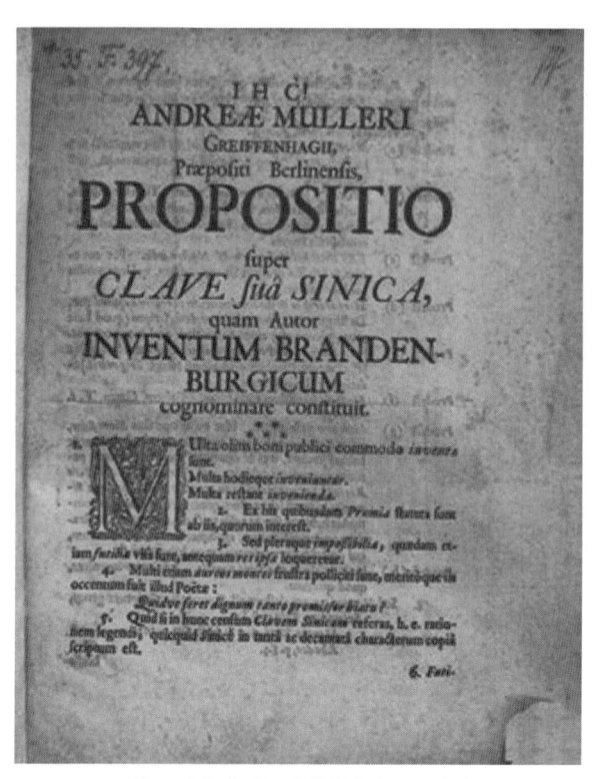

图五　安德烈亚斯·缪勒著作《汉文锁钥》

　　字模刻出来上呈御览，大选帝侯深加赞许，但此君不久就与东家吵翻，卸职离去，图书馆由御医门采尔接管，缪勒自己从柏林搬往什切青老家，不久郁郁而终，据说包括《汉文锁钥》在内的所有手稿也毁于他在失望之下亲手点燃的火灾。这套活字是欧洲最古的汉文活字，从其稚拙的字体和有欠完美的刻工看应该出自当地人之手，而非娴熟的中国技工所为，每个字模四围有外框，与文字等高，仅凭这一点就可以断定这套活字字模不真正适用于实际印刷。但这份执着,也足够体现出十七世纪的西方人在学习中国文化上的一种"土法上马"精神,可敬可佩,我们母语者不能挑剔外国人中华国技掌握得不如我们。

这次展览是"华文字模"在自诞生以来的三百多年的时间里首次向公众开放参观。尤其引起达格利展的专家和爱好者极大兴趣的,是盛装这套字模的橡木箱子,内分十层,可以如抽屉般一一拉出,是木器工艺的一个特别品种,作为达格利为大选帝侯精心打造的钱币柜同时代木器,两者在展品中相得益彰(图六)。

图六 储藏柜中的"华文字模"

最后给这个以东亚漆艺西传为主旨的展览补充一点背景史料。中国人给木器——不论是房屋、船只还是家具——上漆,既保护木头不会朽烂,又起到美观、清洁作用,"正是这种涂料,使得中国和日本的房屋外观格外富丽动人",是明末来华的耶稣会传教士最先替西方人观察到的。天主教神父有生意眼:"出口这种特殊树脂产品很可能成为一种有利可图的事业,但迄今好像还没有人想到这种可能性"(《利玛窦中国札记》第一卷第三章《中华帝国的富饶及其物产》,北京:中华书局,1983年,第18页)利玛窦这部遗著是由金尼阁整理,冠以《基督教远征中国史》(De Christiana expeditione apud Sinas)的标题,于1615年在奥格斯堡出版的,其时距离比利时名工巧匠热拉尔·达格利及其家族以其漆工家具走红欧洲宫廷,时间相隔不过一个甲子,欧洲已经有了可以规模生产的漆艺作坊,也许就是在达格利的故乡——今属比利时的度假胜地斯帕(Spa),这里曾是欧洲王公贵族度假时特别爱好路过的地方,达格利大概就是这样被来此消夏的大选帝侯聘往勃兰登堡的。

据记载,柏林宫廷拥有的漆艺令贵胄妇女们啧啧称羡,有"柏林肯定有好工匠,才能做得出这么漂亮的物件。造出如此漂亮橱柜的,保不齐是一个印第安人(Indianer)"的传言(《奥尔良大公夫人伊丽莎白·夏洛特致汉诺威选帝侯夫人莎菲书信集》,1704年10月24日发自枫丹白露,1891年德文版第二卷,第89—90页);所谓的"印第安人",在这件事情上一定是个错词,原因是当年海通未久,欧洲人对亚洲事物了解不够,很多新鲜事不免都被跟正奋力从事远东开拓的东印度公司扯上关系，从那里带回欧洲的人就是"印第安人"。专家们推测，柏林宫里的"印第安人"工匠，不是中国人就是日本人。

另一件利玛窦也许想不到的事，是他死去后不久就有中国人不畏万里波涛，回访欧洲，参拜教皇，觐见法英国王：1682年南京人沈福宗随耶稣会士柏应理（Philippe Couplet，1623—1693）游欧，并且在葡萄牙加入了耶稣会。是否有商人、工匠去实现利玛窦当年描画出的商业蓝图？显然有，同样也是耶稣会出身的法国政坛巨人马萨林（Jules Mazarin，1602—1661）红衣主教，就是一个狂热的东亚艺术品收集者，有自己的商业代理，1649年他搞的第一次拍卖，当中就有纺织品、瓷器和漆器这些远东货。东印度公司的成立，背后也有长袖善舞的马萨林的鼎力相助。利玛窦设想的商业可能性很快变成了现实，可见技术文化交流的速度快、过程短、实际利益明显，远非精神文化的引入与输出那么曲折艰难、反复无常。

（原刊《东方早报·上海书评》2016年7月17日）

紫光阁功臣额敏和卓画像
—— 流往德国的原委及目前下落

紫光阁功臣画像是乾隆为褒奖颂扬在平定西域准部、回部叛乱战役中功劳卓著的文武官员而降旨制作的系列肖像画，由西方传教士画家与宫廷画师合作绘制，因陈列于紫光阁而得名。1900年八国联军入京，紫光阁文物遭到劫掠，这部分画像随后星散，其踪迹下落一直是中外学界追寻的目标。自上世纪八十年代以来，收藏在德国的一部分紫光阁画像出现在展览会。[1]近年又有一些疑似出自紫光阁的画像出现于国际拍卖会，更引起了广泛的关注。本文要讨论的额敏和卓画像就是紫光阁功臣像中最为重要的一幅，如今下落仍然不明。

乾隆二十五年（1760年），西域准部、回部叛乱最终得到平定，乾隆皇帝"嘉在事诸臣之绩，因葺新斯阁，图功臣大学士忠勇公傅恒、定边将军一等武毅谋勇公户部尚书兆惠以下一百

---

[1] 聂崇正：《谈清代紫光阁功臣像》，《文物》1990年第1期，第65—70页；曾嘉宝：《纪丰功述伟绩——清高宗十全武功的图像记录功臣像与战图》，《故宫文物月刊》1990年第12期，第38—65页；曾嘉宝：《平定金川前五十功臣像卷残本》，《文物》1993年第10期，第53—56页。

人于阁内。五十人亲为之赞，馀皆命儒臣拟撰"。[1]这就是紫光阁功臣画像制作的缘起。西域地方头人额敏和卓名列首批得到画像殊荣五十功臣中的第十二位，也是其中最为年长的一位。

额敏和卓（1694—1777），吐鲁番回部首领，出身于吐鲁番望族，祖父素丕和卓为喀喇和卓阿訇，父尼雅斯和卓为吐鲁番大阿訇。额敏和卓家族世居鲁克沁。康熙五十九年（1720年），他率部众内附清朝。雍正年间，额敏和卓积极参与了清朝平定准噶尔的斗争，并于雍正十一年（1733年）按照清廷的旨意，率部内徙瓜州。在瓜州时期，额敏和卓受封札萨克辅国公。期间，他率众开渠种地，进行农业生产。乾隆二十一年（1756年），他返回吐鲁番，随即投身于清廷平定准噶尔叛乱和大小和卓木叛乱的战役，为统一新疆做出了贡献。额敏和卓亲赴乌什，劝招霍集斯投降，归顺清朝，使得大小和卓木势力孤立，同时也扫清了清军进军叶尔羌、喀什噶尔的道路。由于额敏和卓屡建功绩，三次得到乾隆皇帝的赏赐，并被封为吐鲁番回部札萨克多罗郡王，成为回部王公中爵位最高者。乾隆因"额敏和卓老成谙练，命其参赞军务"。乾隆二十四年（1759年）十月，巴达克山素勒坦沙献霍集占首级，回乱彻底平定，但劳苦功高的额敏和卓仍然要留在南疆善后，清廷认为："叶尔羌等城，俱属新附，必得熟悉回俗、老成历练之人驻扎办理，额敏和卓以旧人效力军营，颇著劳绩，深悉机宜，是以暂令留驻。"这样，额

---

1 于敏中、英廉、窦光鼐、朱筠等编纂：《日下旧闻考》卷二四《国朝宫室·西苑》四，乾隆五十至五十二年（1785—1787）武英殿本，第一页a。

敏和卓留在叶尔羌办理善后直至乾隆二十八年（1763年）。一年后，额敏和卓回到吐鲁番，三十七年（1772年），额敏和卓赴京师朝觐，"命乾清宫行走。每昼接，辄询诸回部情习"，仍为乾隆所倚重咨议，在京五年，直到乾隆四十二年（1777年），亦即他八十三岁之年才获准回到家乡领地养老，同年，病殁于吐鲁番。[1]

平定西域回部功臣一百人像之外，紫光阁后续又增加了平定金川前五十功臣像、平定金川后五十功臣像。到了乾隆后期，又增加了平定台湾功臣像五十幅、平定廓尔喀功臣像三十幅。这样，仅乾隆一朝，历次绘制并悬挂在紫光阁内的功臣像，总共有二百八十幅之多。[2]

义和团运动时期，八国联军入侵北京，1900年至1901年间联军总部驻扎在紫禁城，使清宫遭受一些破坏和前所未有的掠夺，无数珍贵物品被劫载而去，紫光阁画像也大量流往西方国家，近年在境内外拍卖中屡屡现身，引起公众的极大兴趣和学术界的关注。[3]

---

[1] 和宁：《回疆通志》卷四《额敏和卓列传》，1925年吴兴沈氏排印本，第1—12页。
[2] 乾隆同时还敕制了十六幅铜版画以纪念西域武功，最近的全面研究参见 Takata Tokio, Qianlong Emperor's Copperplate Engravings of the "Conquest of Western Regions", *Memoirs of the Research Department of the Toyo Bunko* 70 (2012), pp. 111-129。
[3] 《聂崇正先生谈紫光阁功臣像》，《紫禁城》2008年第1期，第138—169页。

额敏和卓像：柏林的著录情况

本文讨论的额敏和卓像，正是随着八国联军的撤离回国流往德国。1903年德国柏林王家民族学博物馆[1]助理馆长米维礼（F. W. K. Müller，1863—1930）在德国《民族学杂志》上公布了如下的消息：

> 一幅绘有出生于吐鲁番的畏吾尔王公的清代绘画，由高级军医希尔德布兰特博士于二十世纪之初出借给柏林王家民族学博物馆，双方约定，至少由博物馆保存一段时间。[2]

这是额敏和卓像到达德国后最早的一次公开报道。

原柏林王家民族学博物馆档案（现藏柏林民族博物馆）记载，这位住在柏林腓特烈大街（Friedrichstraße）140号的医学博士同时一共向该博物馆提供了五件中国艺术品作为长期借展

---

1 本文提及的柏林王家民族学博物馆（Königliches Museum für Völkerkunde）、柏林民族博物馆（Ethnologisches Museum），有前后沿革、分合关系，为避免名称混淆，本文在旧馆的名字中加一"学"字，以示区别。又柏林民族学博物馆（Völkerkundemuseum zu Berlin），旧译人种学博物馆、民俗学博物馆，系误解，不宜沿用。简言之，Völkerkunde 既非人种学（Rassenkunde；因有种族主义问题，此词在德语国家现只作为历史名词在特定的场合使用），也非民俗学（Volkskunde，现采用"民族学"的译法。此处学科术语说明，曾与民族学专家刘志扬教授讨论确认，谨表感谢。
2 F. W. K. Müller, Einige neue Erwerbungen der indischen und chinesischen Abteilungen des kgl. Museums f. Vökerkunde Berlin（米维礼：《柏林民族学博物馆印度部与中国部的几件新近入藏品》），*Zeitschrift für Ethnologie*（《民族学杂志》），Jg. 35 (1903), S. 483-484. 米维礼，F. W. K. Müller 的这个真正汉名据清末驻德中国学者与该氏的汉文通信（私人收藏）。学术界通常译为米勒、缪勒、缪莱。

品（Leihgaben），馆方出具的接受清单转录如下（档案原文为汉字，仅第4项"月光菩萨"后括号中的词语系德文说明，本文译为中文）：

1. 生擒捻首赖汶洸战图
2. 平定两金川紫光阁次五十功臣像赞原副都统加赠都统博灵阿
3. 绰斯甲布土舍绰尔嘉木灿
4. 月光菩萨（右十）（出自中海莲花池畔所谓"猎人寺"[1]）
5. 参赞大臣多罗郡王额敏和卓 [2]

代表博物馆签名接收者也是米维礼。米氏是一位渊博的东方学家，掌握多种语言，他当即对《额敏和卓像赞》的满文标题加以转写（ḥebei amban doroi giyôn wang Ämin ḥodscho，即"参赞大臣多罗郡王额敏和卓"）。

清单所列第1幅，当系描绘同治六年十二月（1868年1月）清廷官军剿灭东捻军首领赖文光所部、于扬州俘获赖文光的一幅得胜图。有关平定太平天国、捻军的绘画与紫光阁有何关系，待考。这幅画是否还见在，目前也不得其详。第4件月光菩萨

---

1 原文是"sogennanter 'Jäger-Tempel' Peking (am mitteleren Lotusteich)"，Jäger-Tempel 字面意思是"猎人寺"，原文加了引号，似指示它并非正式名称。具体所指待考。
2 柏林民族学博物馆东亚藏品档卷37，1902年10月7日（7. Okt. 1902, Museum für Völkerkunde, Acta betreffend die Beschreibung ethnologischer Gegenstände aus Asien. Vol. 37, Vom 16. Juni 1902 bis 31. Dezember 1902. Pars I.B., E. No. 1353/1902）。

像，似曾在柏林民族学博物馆展览中陈列。[1]第 2、3、5 三件，都属于清紫光阁功臣画像：平定金川功臣博灵阿像，下落不明[2]；绰斯甲布土舍绰尔嘉木灿像，有立轴国画和油画半身像两种，均原藏柏林民族学博物馆，目前油画半身像藏亚洲艺术博物馆，立轴不知所在[3]。

一次拿得出五幅清宫收藏的名贵绘画的这位高级军医，是个什么人物呢？

二、八国联军医生希尔德布兰特与紫光阁画像

这位向柏林王家民族学博物馆出借中国美术品的是奥古斯特·希尔德布兰特，德文名字是 August Hildebrandt，1868 年 5 月 20 日生于汉诺威（图一）。1891 年起他在基尔大学学习外科医学，曾作为德国著名外科专家奥古斯特·毕尔（August Bier，1861—1949）的助手，研究脊椎麻醉（Lumbalanästhesie），1897 年取得成功。希尔德布兰特旋即离开基尔，服务于德国军队。目前所能查阅到有关他的职业情况的资料，是一本提到其医务工

---

1 见于 1929 年展览指南 *Staatliche Museen zu Berlin. Führer durch das Museum für Völkerkunde, I. Schausammlung.* 19, Auflage. Berlin/Leipzig: Verlag Walter de Gruyter 1929，S. 29，Raum XXII China Buddhismus（"第二十二号展厅 中国佛教"）。
2 Annette Bügener, *Die Heldengalerie des Qianlong-Kaisers. Ein Beitrag zur chinesischen Porträtmalerei im 18. Jahrhundert*（《乾隆皇帝的群英画廊——十八世纪中国肖像画研究》），Frankfurt am Main: PL Academic Research, 2015, S. 480："旧藏柏林民族学博物馆"。
3 Annette Bügener, *Die Heldengalerie des Qianlong-Kaisers*, S. 482："绰尔嘉木灿，旧藏柏林民族学博物馆"。

图一　奥古斯特·希尔德布兰特

作的德国官方报告——《普鲁士及其他德意志邦国军旅外科医生与野战医生图鉴》，由普鲁士军部医务署学术总办、时任柏林大学军事外科学讲席的柯勒（Albert Köhler，1850—1936）教授编撰。书中提及希尔德布兰特博士在1899年前后曾作为红十字会医生随军开赴非洲投身第二次布尔战争，在救治布尔方面的伤员之余，还撰写了相当多有关野战医疗的医学论文，如《小口径火器腹部贯穿伤的野战治疗》、《野战枪炮伤的预后诊断》、《开花弹是否人道》等，发回德国在学术刊物以及红十字会出版物发表。[1] 根据论文标题内容可以推断他是一位久经沙场的外科军医。从中国归来，希尔德布兰特供职于柏林大学附

1　Albert Köhler (hrsg.), *Die Kriegschirurgen und Feldärzte Preussens und anderer deutscher Staaten in Zeit- und Lebensbildern, IV, Kriegschirugen und Feldärzte der Neuzeit* (《普鲁士及其他德意志邦国军旅外科医生与野战医生图鉴》), Berlin: Verlag von August Hirschwald, 1904, S. 33, 38, 350 ff。

属慈爱医院（Berliner Charité，现多音译为"夏里特医院"），1904年通过教授论文，专长为疑难外科、腹腔及野战外科、麻醉术。[1] 此后任职于柏林大学医学院，1913年起至1933年供职于Eberswalde的奥古斯特·维多利亚之家医院（现名Werner-Forßman-Krankenhaus），生涯颇为坎坷，1945年8月15日去世于慕尼黑。[2]

1900年他从南非回到德国不久，适逢克林德事件爆发，德国借口增兵中国，希尔德布兰特报名前往中国，在八国联军总司令部任高级军医。[3] 因为他的这个任职单位属于联军中枢机构，联军总司令、德国陆军元帅瓦德西（Alfred Graf von Waldersee，1832—1904）正驻扎于紫禁城内，希尔德布兰特以近乎"御医"的特殊地位[4]，理论上说有条件进入几乎任何地方，所以他获得紫

1　Christoph Weißer, *Chirurgenlexikon: 2000 Persönlichkeiten aus der Geschichte der Chirurgie*（《外科医学史上2000著名医生词典》）, Berlin/Heidelberg: Springer-Verlag, 2019, S. 136; P. Oehme & M. Goerig, Rückenmarksanästhesie mit Kokain: Die Prioritätskontroverse zur Lumbalanästhesie, *Deutsches Ärzteblatt*（《以可卡因实施脊椎麻醉法：发明权之争》,《德国医生报》）1998年10月9日，95 (41), A-2556。

2　Ludwig Arendt, Prof. Dr. August Hildebrandt: eine späte Rehabilitation. *Eberswalder Jahrbuch für Heimat-, Kultur-und Naturgeschichte, 2002/2003*（路德维希·阿伦特《为奥古斯特·希尔德布兰特教授正名》,《埃伯斯瓦尔德年鉴2002—2003年度》）, Eberswalde: Verein für Heimatkunde zu Eberswalde e.V., 2002, S. 103-118，希尔德布兰特肖像照片见该文 S. 117 Abb. 7，谨向作者及年鉴致谢。

3　Albert Köhler (hrsg.), *Die Kriegschirurgen und Feldärzte Preussens und anderer deutscher Staaten in Zeit- und Lebensbildern, IV*, S. 38.

4　瓦德西的扈从副官封劳赫在1900年11月25日的日记里，记录了他一大早与希尔德布兰特博士及封葛明根上尉一起骑马到克林德大街（今东单北大街近西总布胡同一带）游观的见闻。参见 Fedor von Rauch, *Mit Graf von Waldersee in China: Tagebuchaufzeichnungen*（费多·封劳赫：《跟从瓦德西伯爵远征中国随军日记》）, Berlin: Verlag von F. Fontane, 1907, S. 172。

光阁画像和上文清单中提到的其他清廷艺术珍品，便不是什么出人意表的事了。

另一种可能是希尔德布兰特这笔清宫收藏得自他人的转让或转卖。因为八国联军于 1900 年 8 月 14 日攻占北京之后，曾"特许军队公开抢劫三日"，之后在京城就地举行过拍卖。瓦德西受德皇之命担任联军统帅是在当年 8 月初，8 月 12 日任命正式发布，而 8 月中旬联军业已攻陷北京。待他率援军 2 万人乘船于 9 月中旬到达上海，已是他国军队完全控制北京之后一个月有余。我们无法确知希尔德布兰特是否在大军抵达之前已到中国，并曾亲自参与 8 月中的抢劫活动，但是他作为随军医生，跟随年近七十的瓦德西乘坐"帝王级萨孙号"大型铁甲舰（SMS Sachsen）一起开赴中国的可能性应该稍大一些。

无论如何，1900 年 8 月之时，德军也已经有队伍在中国华北地区，在封许普夫纳（Paul von Hoepfner，1849—1924）少将的率领下参与攻打北京的战役。就抢劫京城之事，瓦德西在给德皇的报告（1900 年 10 月 22 日）中写道："现在各国互以抢劫之事相推诿。但当时各国无不曾经彻底共同抢劫之事实，却始终存在。"[1] 同年 11 月 12 日日记中，瓦德西写道：

> 德国军队当时未能参加公开抢劫之事。……只有余之

---

1 瓦德西：《瓦德西拳乱笔记》，王光祈译、刘鑫宁整理，北京：中华书局，2009 年，第 70 页。德文本 Denkwürdigkeiten des General-Feldmarschalls Alfred Grafen von Waldersee, Band III 1900—1902（《陆军大元帅阿尔弗莱德·瓦德西伯爵回忆录》第三卷 1900—1902 年），Stuttgart & Berlin: Deutsche Verlags-Anstalt, 1923, S. 36。

住所，尚藏许多宝物，一切犹系无恙。倘若我们一旦撤出，则势将落于中国匪徒之手，最后当然加以焚毁。一八六〇年的夏宫，其情形正复如此。所有当英、法军队之未曾毁损者。一自彼等撤出之后，旋被当地居民（？）焚毁。[1]

从 1900 年 10 月 17 日抵达北京，至 1901 年 6 月 4 日撤离回国，瓦德西在北京的"住所"设在中南海仪鸾殿。那里本是慈禧太后的寓所，瓦德西居留期间曾起大火一次。随军医生希尔德布兰特将从中国带回的五件清宫绘画寄藏于柏林民族学博物馆，尤其是流往德国的紫光阁画像数量在各国比例上看显得突出地高，这一事实表明，不能排除德国派遣军因驻扎紫禁城而得近水楼台之便涉入了后期劫掠清宫文物珍宝的可能性。[2]

---

[1] 瓦德西：《瓦德西拳乱笔记》，第 76 页。"居民"后括号中的问号，系中译本所加，德文本（S. 48）无。

[2] 当然也有紫光阁画像为联军的德国军官在北京购买，然后带往德国。如车木楚克扎布像，于 2012 年 9 月 11—12 日香港苏富比（Sotheby's）拍卖 246 号 692,500 美元成交，卖家是德国学者 Hartmut Walravens（魏汉茂）。拍卖图录及苏富比官方网页 http://www.sothebys.com/zh/auctions/ecatalogue/lot.246.lotnum.html/2012/fine-chinese-ceramics-and-works-of-art-n08872（2019 年 6 月 8 日）所说"军士长温施于 1901 至 1905 年间于北京购之（Acquired by Sergeant-Major Wuensch in Beijing, 1901—1905）"，却与该卷背上的德文手书题字有距离：Feldw Wuensch, 3. im I. S. B. Peking, den 7. Juni 1905，即"海军陆战队军士长温施，1905 年 6 月 7 日于北京"，（http://www.battle-of-qurman.com.cn/e/list.htm，2019 年 6 月 8 日）。因为画卷有破损，"1905"这几个字不是很清楚，也有可能是 1901 年。1901 年 5—6 月正值八国联军陆续撤离中国之时，有一些文物交易，德国军官因此机缘购得此画并题记留念，也有可能。

三、额敏和卓画像的展出

至迟到 1929 年，额敏和卓画像尚在柏林王家民族学博物馆的陈列中，对此有如下证据。

领导了德国第二到第四次吐鲁番探险的勒柯克（Albert von Le Coq，1860—1930），曾在鲁克沁与第八代吐鲁番郡王叶明和卓有过十分密切的接触，在 1926 年出版的探险记中他这样写道：

> 鲁克沁王是一个突厥种的年青小伙子，他的直系七世祖是额敏和卓汗，曾于 1760 年前后统治吐鲁番。我们博物馆拥有一幅大约这个时期的为乾隆皇帝绘制的老郡王画像，画中人物尺寸与真人相仿，他鼻子长，鼻翼窄，鼻梁挺直，眼睛是蓝色的。在这个人身上还存有已经消失了千年之久的吐火罗种的特征！[1]

勒柯克这里说的博物馆，就是柏林民族学博物馆，此时他已经是那里的副馆长。值得注意的是，他在此直接说该画为博物馆所拥有，没有提及是租借展品。不知这是勒柯克的简化说法，还是当时该画已经由原主人希尔德布兰特博士正式让渡给了柏林民族学博物馆。

除了上文引述的米维礼报道、博物馆档案记录、勒柯克探

---

[1] Albert von Le Coq, *Auf Hellas Spuren in Chinesisch-Turkestan*（勒柯克：《追寻西域的希腊遗痕》），Leipzig: J.C. Hinrichs, 1926, S. 51。

险记记述，笔者还查找到第四个关于额敏和卓画像作为展品公开展出的线索：《柏林民族学博物馆展览指南》，内容是博物馆的展品说明。目前看到这个小册子的两个版本，其中1926年的试行本，在"吐鲁番—犍陀罗"部分，有这样一段描述：

10号展厅，右侧第4隔断……展柜：公元469年汉文碑碣，高昌故城出土。墙柱朝向展厅一侧：吐鲁番郡王画像，约1760年。[1]

三年后，该博物馆又出版了展览指南的第19版，书名删去"试行本"（vorläufig）一词，内容略有增补：

10号展厅，右侧第4隔断……展柜：公元449年汉文碑碣，高昌故城出土。墙柱朝向展厅一侧：吐鲁番（蓝眼睛的）郡王画像，约1760年。[2]

所谓蓝眼睛的细节，应来自前文提到的1926年出版的勒柯克探险记中的容貌描写。1929年版负责撰写吐鲁番展品部分说

---

1 *Staatliche Museen zu Berlin: Vorläufiger Führer durch das Museum für Völkerkunde, Schausammlung.* Berlin/Leipzig: Verlag Walter de Gruyter, 1926, 18. Auflage（《柏林国立博物馆·民族学博物馆展览指南（试行本）》，第18版），S. 16。
2 *Staatliche Museen zu Berlin: Führer durch das Museum für Völkerkunde, I. Schausammlung.* 19. Auflage（《柏林国立博物馆·民族学博物馆展览指南I》，第19版），Berlin/Leipzig: Verlag Walter de Gruyter 1929，S. 17。

明词的博物馆馆员，是后来的做了哥廷根大学教授、以印度学名家的瓦尔德施密特（Ernst Waldschmidt，1897—1985），当时他在民族学博物馆供职，平素与勒柯克合作关系密切。对新疆的"人种学调查"，是德国吐鲁番探险队的一项计划内的工作，勒柯克在他的书中对他认为属于印欧人种在现代新疆住民中的遗存做了专门的描述，其中不乏当时德国学术界的肤浅狭隘之见，甚至有后来在第三帝国时期泛滥为"雅利安主义"的反科学狂热。对额敏和卓面相特征的关注，再次透露出他在这方面的"敏锐"。勒柯克的这类"调查"，应该是今后研究的一个课题。

柏林民族学博物馆当时的另一件展品值得顺便一提：指南手册中提到的陈列在同一展厅、放置在展柜中的"公元469年汉文碑碣"——这就是著名的《凉王大且渠安周造祠碑》（简称沮渠安周碑），由格伦威德尔（Albert Grünwedel，1856—1935）在吐鲁番高昌故城 M 遗址发现并运回柏林。当年端方利用五大臣赴欧洲考察宪政的机会，曾专门前往民族学博物馆观摩、捶拓，据说，当时在制作拓片的过程中对碑体略有损伤，馆方人士表示不安，婉拒了端方继续拓完第二张。大约在1920年代中期至第二次世界大战结束这一段时间，安周碑都陈列在民族学博物馆的常设展览中。但是这方北凉石碑今已不存，一般认为是毁于1945年盟军对柏林的空中轰炸，整个博物馆基本被夷为平地，碑石难以幸存。唯一令人略能欣慰的是目前有砂岩底座作为劫后的留存。[1] 如此，今藏中国国家博物馆的端方孤本拓片就更加弥足珍贵了。铭文中的大凉承平三年（公元445年）是造祠开始的时间，承平七年是竣工立碑之时。"试行本"中说的469年是沿袭了汉学家福兰阁（Otto Franke，1863—1946）1907年初次刊布该碑时的错误。[2]

1926年、1929年版这两种《柏林国立博物馆·民族学博物馆展览指南》手册中都没有附这两件展品的照片。

十多年前，我因为做德藏吐鲁番文献的普查，曾在柏林印度艺术博物馆全面检索、调阅德国探险队的资料，期间在该馆档案室看到过一张大幅黑白照片（图二），尺寸为宽23厘米，高28.5厘米，照片右下角有日期："1926年3月8日"，日期上面还标有数字"25"，大约是当时拍照或洗印的某种序号。这幅照片成为额敏和卓画像曾在柏林的第五个、也是最关键的一项证据。

---

[1] 这件碑座现在存放于柏林亚洲艺术博物馆地下仓库，图片见Rong Xinjiang, Juqu Anzhou's Inscription and the Daliang Kingdom in Turfan. In: D. Durkin-Meisterernst et al. (eds.), *Turfan Revisited – The First Century of Research into the Art and Cultures of the Silk Road*（荣新江：《且渠安周碑与大凉政权》，德金等主编：《高昌再探——丝绸之路艺术与文化研究百年纪念文集》），Berlin: Dietrich Reimer Verlag, 2004, pp. 268-275。有关安周碑的全面情况，参见Otto Franke, Eine chinesische Tempelinschrift aus Idikutšahri bei Turfan (Turkistan), übersetzt und erklärt. *Abhandlungen der königlichen preußischen Akademie der Wissenschaften*（福兰阁：《新疆吐鲁番高昌故城出土的一件汉文造寺碑》，《普鲁士王家科学院院刊》），Berlin 1907; Otto Franke, Das Datum der chinesischen Tempelinschrift von Turfan, *T'oung Pao*（福兰阁：《吐鲁番发现的汉文安周碑之年代》，《通报》），ser. 2, vol. 10 (1909), pp. 222-228。

[2] 参池田温：《高昌三碑略考》，《三上次男博士喜寿记念论文集 历史编》，东京：平凡社，1985年，第102—120页；蒋文光：《孤本〈北凉沮渠安周造寺碑〉研究》，《新疆文物》1989年第2期，第55—74页。

图二 柏林民族学博物馆展厅(1926年摄)

照片展现的是一个展厅全景，四周是巨幅佛教壁画，应是德国探险队在吐鲁番柏孜克里克、木头沟、七康胡和高昌故城佛寺割取并运回德国的壁画精品之一部分。

在展厅的中后景可见一个展柜，展柜旁边比较宽大的墙柱上悬挂着一幅镶装在玻璃镜框中的全身人物像（图三），根据画面的一些特征，笔者推测就是失踪的额敏和卓画像。据同一照片中所见高昌壁画的相对比例判断，画像大约如勒柯克所说"画中人物尺寸与真人相仿"。[1] 画中人物是一个立姿老者，白髯飘飘，头戴尖顶宽檐深色毡帽，身着浅色过膝袍装，右衽斜领（不知是否为新疆和中亚地区习见男装"袷袢"的一种），袖长不见手，足踏云头靴。整个体态是侧首回眸，右手上扬半张于体侧，左手伸向背后，两足侧向。

照片中人物头顶之上诗堂有题字，限于清晰度，无法逐一辨识，不过可以看清行款，文字左右分两部分，右边部分可以确定是楷体汉字，其中汉字部分有三个单元，从右向左分别为二行、五行、二行文字。左侧当为满文。以上三个特征——与真人大小相仿的人物画像、头顶部有较长题词、双语题词分两个部分（左满文右汉文），均符合紫光阁平定西域前五十功臣画像的画面构成体式。特别是这幅画像题词汉文部分的首二行

---

1 紫光阁明亮画像立轴的长宽尺寸为180×91.5厘米（数据来自收藏单位科隆东亚博物馆）。不过明亮画像属于平定金川前五十功臣系列，这一系列的画幅尺寸似乎比额敏和卓画像所在的前五十功臣系列小很多，据目前掌握的数据，属于平定西域前五十功臣系列的紫光阁画像尺寸为：策卜登扎卜（280×102厘米）、博尔奔察（312×105厘米）、由屯（302×111厘米）、福锡尔（283×110厘米）。

图三 左图展厅局部放大图：紫光阁额敏和卓画像

十二个字，各六字，字数正合民族博物馆档案保存下来的米维礼转录的汉字画题："参赞大臣多罗郡王额敏和卓"。

紫光阁平定西域前五十功臣图的像赞中，十二个字的题名，除额敏和卓外，还有另外五人：参赞大臣固山贝子扎拉丰阿、散秩大臣哈坦巴图鲁噶布舒、散秩大臣喀喇阿玉锡、原散秩大臣骑都尉达什策凌、副都统克特尔克巴图鲁由屯。其中由屯画像尚在人间，图像不同，可以排除。细审照片，画像题词当中笔画较少、结构比较明确的字，如"参"、"大臣"、"王"、"额"、"卓"等基本可以辨认。上述十二字题名的其他四人画像，标题文字没有这些字眼重合，也可以排除是展厅陈列的这幅画像。循此线索，笔者查阅了乾隆御撰《紫光阁五十功臣像赞》中的额敏和卓一首：

参赞大臣多罗郡王额敏和卓

土鲁蕃族，早年归正。命赞军务，以识回性。知无不言，言无不宜。其心匪石，弗可转移。[1]

照片中的题词共三十二字，可以识读的"土鲁"、"正命赞军务"、"回性知无不言"、"言无不宜"、"其心"、"石"、"弗可"、"乾隆庚辰春御题"等字，都见于乾隆御撰的额敏和卓像

---

1 多部清代文献收录了《紫光阁五十功臣像赞》，本文据《乾隆御制文初集》卷三十，嘉庆五年内府刊本，第四页 b；《日下旧闻考》卷二四《国朝宫室·西苑》四，武英殿本，第五页 b。

赞。总之，在文字方面，展厅照片所显示的信息与乾隆额敏和卓像赞无不相合。

因此，上述柏林民族学博物馆展厅照片中的立轴绘画，有极大的可能就是紫光阁功臣画像中的额敏和卓画像。

四、额敏和卓画像今在何方

到目前为止，这幅画像是否曾经在书籍图录中有图片形式的公布，我们既没有肯定的线索，也没有否定的证据。在柏林民族博物馆、东亚艺术博物馆没有查询到该画的存档照片。近年，柏林亚洲艺术博物馆举办过一个题为"紫光阁绘画：乾隆时期的功臣画像与战役图"的展览，并由副馆长布茨博士主编出版了一册附有比较详细解题文字的图录《紫光阁画像与西域战图》，当中收有当时仍保存在德国公私藏家的紫光阁功臣画像十七幅，也收录了同属普鲁士文化遗产基金会下属柏林国家博物总馆的柏林民族博物馆全部有关藏画。[1] 年轻学者毕格娜以18世纪中国人物画像为研究主题的博士学位论文于2010年在海德堡大学东亚艺术系完成答辩，2015年出书。[2] 德国学者魏汉茂公布了柏林民族博物馆（Ethnologisches Museum zu Berlin,

---

[1] H. Butz (hrsg.), *Bilder für die Halle des Purpurglanzes. Chinesische Offizierporträts und Schlachtenkupfer der Ära Qianlong (1736-1795)*（布茨主编：《乾隆时期紫光阁绘画》），Berlin: Museum für Ostasiatische Kunst, 2003.

[2] Annette Bügener, *Die Heldengalerie des Qianlong-Kaisers. Ein Beitrag zur chinesischen Porträtmalerei im 18. Jahrhundert*. Frankfurt am Main: PL Academic Research, 2015.

Staatliche Museen, Preussischer Kulturbesitz）重新发现的该馆旧藏十六幅紫光阁功臣画像中的十五幅画像黑白照片，额敏和卓画像不在其中，但是馆藏号 I D 23932 有记录。[1] 以上德国学者的两本书、一篇论文对紫光阁功臣画像历史和现状都做了比较全面详细的勾稽，但均不见额敏和卓画像的踪影。

然而，曾历尽庚子劫掠、两次世界大战战火的紫光阁功臣画像，又一次经历了颇具戏剧性的转折：根据俄国学者报道，二战结束之时攻占柏林的苏联红军将包括紫光阁功臣画像共七幅在内的柏林民族学博物馆藏品作为战争损失的"补偿"（reparation）发运回苏联，1946 年运抵列宁格勒，之后很长时间存放在一处秘密仓库，2007 年这些绘画作品转给圣彼得堡冬宫艾米塔什国立博物馆（State Hermitage Museum）文物修复部，至 2014 年其中四幅得到修复。2011 年塔吉亚娜·庞（汉名庞晓梅）与尼古拉·蒲切林就这项收藏合作撰文，公布了如下 4 幅：定边右副将军亲王品级超勇郡王策卜登扎卜、领队大臣内大臣博尔奔察、副都统克特尔克巴图鲁由屯、原二等侍卫哈布台巴图鲁福锡尔，[2] 均属平定西域前五十功臣系列。2017 年，这两位

---

[1] Hartmut Walravens, Die ehemalige Sammlung von Porträts verdienter Offiziere der Feldzüge des Qianlong-Kaisers (China, 18. Jahrhundert)（魏汉茂：《乾隆朝平定西域功臣画像旧藏情况考》），*Baessler-Archiv*, Band 61 (2013/14), S. 138 "kein Foto vorhanden（无照片）"。

[2] Т. А. Пан - Н. Г. Пчелин, Портреты выдающихся военоначальников периода правления императора Цянь-луна из коллекции Государственого Эрмитажа, Письменные памятники востока（塔·庞、尼·蒲切林：《艾米塔什国家博物馆收藏的乾隆皇帝时期的名臣肖像》，《东方文献》），2011, 2 (15), 262-278。

作者再次发表论文，用英文详细介绍了以上四幅已经得到修复的紫光阁画像，并对另一幅尚在修复中的画像做了简要的介绍。文章附有修复前后状态的照片。[1] 这样，旧藏德国柏林、今藏圣彼得堡的五幅紫光阁功臣画像有五幅得到明确的确认：

1. 副都统克特尔客巴图鲁由屯
2. 原二等侍卫哈布泰巴图鲁福锡尔
3. 定边右副将军亲王品级超勇郡王策卜登扎卜
4. 领队大臣内大臣博尔奔察
5. 领队大臣山西大同镇总兵把尔丹巴图鲁官达色

另外两幅尚待公布，具体名目两位作者没有说明。不过，作者指出，七幅画像中只有这五幅为满族官员，文章对五篇像赞的满、汉文本均做了英译和注释。[2] 言外之意，剩下的两幅或许不是满族官员的画像。

当年由八国联军军医希尔德布兰特出借给柏林民族学博物馆的额敏和卓画像，是否尚在人间，是否转藏到俄罗斯，目前不得而知。本文搜罗一百年来的德国档案记载、期刊著录、博

---

1 Tatiana Pang and Nicholay Pchelin, Portraits of Qing meritorious officers in the collection of the State Hermitage: scroll restoration and revised reading of the texts, *Written monuments of the Orient*（塔吉亚娜·庞、尼古拉·蒲切林：《艾米塔什国立博物馆藏清朝功臣画像：卷轴修复与题记补考》），2017 (2)。
2 Tatiana Pang and Nicholay Pchelin, Portraits of Qing meritorious officers in the collection of the State Hermitage: scroll restoration and revised reading of the texts.

物馆导览手册记录以及柏林民族学博物馆存档旧展厅照片，勾连线索，额敏和卓相貌的仿佛已具，其属于紫光阁前五十功臣画像系列的必要特征满足，希望能为落实紫光阁额敏和卓画像的下落提供一些帮助。

附记： 在过往十多年寻访搜集本文原始材料的过程中，作者得到柏林印度艺术博物馆（Museum für Indische Kunst，现并入亚洲艺术博物馆 Museum für Asiatische Kunst）和柏林民族博物馆（Ethnologisches Museum zu Berlin）的大力协助，在此谨向两馆及其当时的馆长雅尔迪斯（Marianne Yaldiz）教授、那泽（Siegmar Nahser）博士表示谢意。刘道远、肖彤、周运、宋希於诸位先生对北京宫苑史料提供信息，张惠明博士、茨默（Peter Zieme）教授协助了解圣彼得堡冬宫博物馆有关信息，荣新江教授对本文初稿的一处引文疏漏提出过宝贵的修改意见。在此统申感谢。

（原刊《清华大学学报》2020 年第 5 期）

洋话汉写

——清末使节笔下的西方风物[1]

　　清光绪元年（1875年）清廷派郭嵩焘出使英国，开启了中国向外国派遣常驻使节的历史新篇章。在这一进程中，派驻欧洲、南北美洲、亚洲国家的使节及使馆随员，本着"联络邦交、疏通声气、采访所住国之情形"，"将所住之国风土人情、虚实强弱，详达本国"的外交宗旨，将官方交往、社会活动、商务接洽以及日常见闻笔之于录，形成日记体的集工作、生活、旅行记录于一体的备忘录，稿本多半于回国后付刻梓行。使西日记已经形成近代中外关系史料的一个类别，素来为学界重视，因为内容丰富也为一般读者所乐读。使西日记的一个突出特点是用汉字表达的外国语言词汇，涉及（1）经过翻译而成的概念（calques）和（2）译音的转写词，就数量而言后者所占比

1　本文使用简称如下：苞＝李凤苞《使德日记》，钱＝钱德培《欧游随笔》，五＝张德彝《五述奇》，长沙：岳麓书社，2016年；寅＝徐建寅《欧游杂录》，长沙：岳麓书社，1985年。标注方式如下：五／87，表示《五述奇》第87页，依此类推。写作过程中得到张治、宋希於二君多方协力。柏林大老同学唐垒博士往返通讯，共同重温柏林掌故、讨论街区变迁经纬，惠我良多。谨申感谢。

例更大，不明语源的外语使有关部分成为"天书"，给理解带来障碍。利用语言学的手段解读这些特别的汉字其表、外语其里的词语，复其原型，揭明佶屈聱牙的字面背后的本来人名、地名、机构名等专名（proper names）以及各种事物名称（通名，appellatives），疏释"游记新学"包含的历史人物事件、思想文化、科学技术、异方风俗，对开掘史源，增加新知，都将有所帮助。

一、杰狄：新发现的歌德别名

驻德署理公使李凤苞在到任后不久，光绪四年（1878年）十一月二十九日就出席了一场追思会，事缘美国公使**美耶台勒**[1]（Bayard Taylor, 1825—1878）病故于柏林任所。这位英年早逝的外交官，是作家、诗人、旅行家出身，精于德语德文，特别崇拜歌德，做过《浮士德》的全译。据1911年版《大英百科全书》说，"他以歌德原来的格律英译《浮士德》（*Goethe's Faust*, 2 vols., Boston: Houghton, Mifflin & Co., 1870—71），厥功甚伟，世人将铭记不忘。"在当天的日记中，李凤苞又加了一段按语：

> 案果次为德国学士巨擘，生于乾隆十四年，十五岁入来伯吸士书院，未能卒业。往士他拉白希习律，兼习化学、

---

[1] 李凤苞初到柏林使任，列过一个诸国驻德使节的名单，其中的"美利坚之退辣"（苞／164）当即台勒。

骨格学。越三年,考充律师,著完舍书。二十三岁,萨孙外末公聘之掌政府。编纂昔勒诗以为传奇,又自撰诗词,并传于世。二十七岁,游罗马、昔西里,而学益粹。乾隆五十七年,与于湘滨之战,旋相外末公,功业颇著。俄王赠以爱力山得宝星,法王赠以大十字宝星。卒于道光二十年。(苞/194—195)

这段文字应该是中国最早的一篇歌德(图一)——即李凤苞笔下的"诗伯**果次**"——小传。钱锺书先生首发其覆,指出李凤苞这条记录的重点:"果次一称俄特,正是歌德;《完舍》就是《少年维特》。"[1] 这也是歌德最早进入中国记载的第一例。本文试图再举出一个此后不久的第二例。

图一 歌德剪影(约 1775 年 Klassik Stiftung Weimar 收藏)

---

[1] 钱锺书:《汉译第一首英语诗〈人生颂〉及有关二三事》,《七缀集》(修订本),上海:上海古籍出版社,1994年,第155页。

先解释一下小传中的一些不常见的译名：**来伯吸士**（Leipzig）书院，即莱比锡大学；**士他拉白希**即 Strassburg，今译斯特拉斯堡；**萨孙外末公**，即萨克森魏玛艾森纳赫大公卡尔·奥古斯特（Herzog Karl August von Sachsen-Weimar-Eisenach, 1757—1828）；**昔勒**，即席勒，歌德的挚友，两人共同缔造了"魏玛古典主义"（Weimarer Klassik）；所谓**骨格学**（Physiognomik），也有骨相学的译法。这是歌德的一项研究兴趣，1775 年他曾写过一篇短论文《论骨相学》（Über Physiognomik überhaupt）。

湘滨之战，是一个绝无仅有的罕见词（hapax *legomenon*），需稍作解说。考乾隆五十七年（1792 年）当年，歌德随魏玛大公出征，参加普奥联军入侵法国，试图干预法国大革命，打击雅各宾派势力，出师不利，联军遭到法军顽强抵抗，双方炮击激烈，联军在瓦尔密（Valmy）村止步不前，十天后撤军，战役以法军胜利而结束。史称"瓦尔密战役"（*bataille* de Valmy / *Champagne*）；瓦尔密属于香槟－阿登（Champagne-Ardenne）地区。湘滨者，Champagne 也。

外人久居德国，耳闻目睹大文豪歌德其名其迹，说来也并不是一个小概率事件。清公使馆翻译随员张德彝，也有过一次发现歌德的经历。他好学好奇，勤于走访，在柏林期间，他最爱去的一个地方就是蜡像馆，频繁见于他的日记。一次，他在腓特烈大街皇家大世界（Kaisergalerie）里的那一家——应即佳世堂兄弟蜡像馆（Castan's Panoptikum）——与一幅西洋"山水画"不期而遇，他的日记中写道：

光绪十五年（1889）三月十二日　见福来得立蜡人馆玻璃窗内有山水一小幅，乃八十年前德之诗人名杰狄者所画，大有王石谷笔意。或云此是西人仿中土画法之始。（五／262）

杰狄当是歌德（1749—1832）。当年的八十年前为1829年，歌德尚在人世，也合理落入张德彝所说的时间范围内。歌德不仅是诗人、作家，也善于作画。歌德儿时，他的父亲很注意培养他发展在绘画上的才能，"督促我学画有过于练琴"。不过，歌德对自己的绘画天赋估价并不高，"我四十多岁的时候在意大利，对自己造型才能的缺乏有了一个清醒的认识"（艾克曼《歌德谈话录》，*Gespräche mit Goethe in den letzten Jahren seines Lebens. 1823-1832.* F. A. Brockhaus, 1836, S. 132）。尽管如此，他还是留下了两千七百余幅画作，他的意大利之行所作速写和淡彩写生与此行产生的《意大利游记》（*Italienische Reise*, 1786-1788）相辅相成，更为出名（图二）。

张德彝对他意外发现的诗人杰狄的山水画大加赞赏。不过，西洋"山水画"是否与王翚（字石谷，1632—1717）画风有可比之处，张德彝转述别人的议论，认为歌德的画有接受中华画艺影响的痕迹，这些都可以见仁见智，言人人殊，这里姑且不谈。[1] 有意思的是，使西人士这些梗概的见闻纪录，记录下来的

---

[1] 张德彝谈画艺，似乎喜欢用中西比较法。光绪十五年七月十七日日记："德国因欲整顿风化，曾严禁出售秘戏图，然闻近日卖照画铺中仍有暗卖此图者。其所照神情毕露，种种丑态，有非人心所能思及者。工既精巧，价亦极昂，照画胜于绘画，为仇唐手笔所不及。"（五／323）此处又将仇英、唐寅举出来比拟西洋情色写真。

图二　歌德绘那波利海岸风景（Klassik Stiftung Weimar 收藏）

是中国接触德国文学人物之开辟时代。李凤苞、张德彝对名字的记音都不太准。

果次，当是李凤苞听到为台勒作悼词的美国法学家**汤谟孙**的发音，选了一个读音近似的汉字，确定了这样一个译名。张德彝选定的译名**杰狄**，现代官话发音与德语的 Goethe （ [gø:tə] ）相距甚远，颇疑张德彝当时并没有实际听过德国人是怎么发音，想象的译音是模拟英语的发音规律拟的，甚至有可能是把 goe 读成 geo 了。试比较：**杰**，现代官话发 [tɕie]，英式英语中 geo-metry 的发音的音标表示是 [dʒɪˈɒ-mɪtrɪ]。就是这个西文词，利玛窦、徐光启和他们的助手们当年翻译欧几里德《原本》的时候，煞费苦心，最后给 γεωμετρία / geometria 做了一个音译：几何。几，官话音 tɕi，吴语发音也相似（徐光启是松江人）。

99

歌德进入中国人视野之初，曾有过其他很多译名。钱锺书提到的歌德在汉语文化圈中的最出名的译名——**俄特**，来自辜鸿铭，其"曾译德国名哲俄特《自强不息箴》"，"卓彼西哲，其名俄特"（《张文襄幕府纪闻》卷下，1910年出版）。近代来华传教士的汉名中有**迪我**，如西班牙名 Diego（**庞迪我**，字训阳，Diego de Pantoja/Pantoia，西班牙，1571—1618 澳门；**罗迪我**，字天佑，Rocca, Baltasar Diego da，葡萄牙，1632—1694 澳门），迪我之我，对应于 -go。**莪德**，音译德语 Gott，南怀仁第二、奥地利人 Gottfried Xaver von Laimbeckkhoven（1707—1787）以此为字。[1] 西文宗教建筑名词 Gothic，旧译**莪特**。法国文豪雨果 Victor Hugo 的名字曾译**嚣俄**，也是使用疑母字（ng）的**莪**、**俄**代替外语的 go，与崇明人李凤苞选用**果**字译外语音节 goe-，出于同一机杼。此外尚有**可特**、**高特**、**戈德**、**戈忒**、**哥台**、**格代**、**贵推**、**瞿德**、**瞿提**、**哥德**等等。[2] Goethe 的发音用音标来表示是：[gø:tə]。前一个元音在现代汉语普通话中没有对应的音，也就是说 Goe 这个音节没有音值一致的汉字代音字。**戈**、**格**、**哥**以及李凤苞选用的**果**这几个字属于接近的替代字，但是，**可**、**贵**、**瞿**以及张德彝选用的**杰**与原音相距较远。在 -the 这个音节所显示的困难就更多了，正确的三个形式**德**、**特**、**忒**，此外**狄**、**台**、**代**、**推**和**次**都不是准确的还音。

---

[1] 荣振华：《16—20 世纪入华天主教传教士列传》，桂林：广西师范大学出版社，2010年，第 262 页、294—295 页。
[2] 阿英：《关于歌德作品初期的中译》，《人民日报》1954 年 4 月 24 日第 7 版。

一个两音节的词竟有如此之多的变形写法，"译音无定字"可谓甚矣。这当中有两个原因：一，译者是否听得到正确的原语发音。具体到歌德的种种不同译名，在译者方面，是未必以德文为出发语，而是间接假手于第三方，如近代中国译者多借重先行的日本学者研究基础，而日文在转写外语上有辅音系统的先天不足之憾。李凤苞的发音人汤谟孙的母语是英语，他发德语词是否标准，我们不得而知。[1] 所以译者的工作语言、信息是否纯正，所据蓝本是否可靠等等，这些因素都应考虑在内。二，译者能否选择合适的代音字。在近代，官话虽然已经流行，成为官场交流语，但是在翻译实践中，译者仍然存在使用各自方言乡音的情况，这对选字当然有影响，在此基础上做出的音译字方案彼此差别有时非常大，不同母语背景的读者难于体察，研究者或因缺乏有关方言知识，也会影响正确做出判断。凡此种种问题有待于深入研究。

本文检出张德彝于 1889 年——在李凤苞介绍"德国学士巨擘"**果次**之后十年——发现的"德之诗人"**杰狄**，以表彰清朝

---

[1] 高田时雄教授见告一首著名的川柳：ギョエテとは俺のことかとゲーテいい（歌德说，ギョエテ是我吗？）。有关德语的语音特点给日本人带来的困扰，歌德这个名字就是一个例证，不同假名转写的数量据统计有三十个之多（東京ゲーテ記念館，https://goethe.jp/Q_and_A/q_goethetowaorenokotoka.html），现在趋向于统一为ゲーテ。这令我回忆起听过的一个德国人打趣美国人的笑话：一个美国人让别人猜谜语，说"有一个德国诗人，名叫 [gəu-æ-θə]。他是谁？"答案当然是 Goethe，不过谜面因为是按英语发音，听上去像是"苟爱瑟"，就把人搞糊涂了。德语正字法里的 th 就等于 t，th 不像英语要发清齿擦音 [θ] 或者浊齿擦音 [ð]。

使西官员对世界文化交流的贡献。[1]

不过，也许有人会觉得不可思议，何以有可能在一家蜡像馆看到绘画陈列，况且还是当时已经蜚声天下的大诗人歌德的手迹？不过，千真万确，这家由佳世堂两兄弟（Louis 和 Gustave Castan）合伙的蜡像馆（图三）的确有一宗"歌德专藏"（Goethe-Sammlung）：

> 蜡像馆主人购进不少顶级藏品，极端有趣，譬如：盛有腓特烈大帝遗珍的洛可可风金匣一具、原藏于色当的拿破仑三世的御用餐具全套、法德之战使用的兵器若干、颇有分量的歌德专藏一笔、拿破仑一世加冕仪式所用的专车一辆，林林总总，不一而足，为陈列增添无穷光彩。[2]

这段广告词一般的话其可信程度如何，我们无法求证。不过，以"无所不秀的佳世堂"（Castan's Allesschau）相号召的兄弟蜡像馆，除了经营蜡像主业，为了在与隔壁同行对头巴萨巷蜡人馆（Passage-Panopticum）的竞争中立于不败之地，广泛开拓业务领域，收藏了一批珍奇物件（Kuriositäten und Raritäten），不时搬出来陈列，招徕顾客参观，不论拿破仑、腓特烈还

---

[1] 张德彝曾经接触过雨果的名字，他曾经把驻法清公使馆旁边的街名 Avenue Victor Hugo 翻译成"威克多修沟街"（五／527），选字只考虑"还音"（用的是英语音），侧面也可以推测他当时还不知道雨果为何方神圣。
[2] *Das Buch für Alle. Illustrierte Familien-Zeitung-Chronik der Gegenwart*, 25. Jahrgang 1890, Heft 20.

图三　佳世堂蜡像馆所在的柏林皇家大世界

是歌德，名人不怕名大。歌德展室（Goethe-Zimmer）收藏有诗人的手稿，已经明确佳世堂蜡像馆拥有令学术界关注的收藏等级了。据另一个来源的传说，佳世堂还藏有"歌德使用过的天青色大号水杯"（Goethes große himmelblaue Tasse）。[1] 所以可以确信，就是这个"佳世堂歌德特藏"中的"山水画"，张德彝的确是看到了，即使画不可靠、或系托名之作，这都不影响张德彝对"德之诗人名杰狄者"记录的功劳。

1　Peter Letkemann, "Das Berliner Panoptikum: Namen, Häuser, und Schicksale", *Mitteilungen des Vereins für die Geschichte Berlins* 69 (1973), S. 322.

二、报业巨头斌台尔

1878年李凤苞应邀参观过一家德国报馆。

> 光绪四年（1878）十月二十九日　北德意志报主斌台尔请观其报馆。导见主笔者七友，皆绩学士也。各坐一室，类聚采访所得而选择之，删润之。印报处为二大屋，右印小件，左印大件，皆裁纸片印之，不似英国之卷轴联纸随印随裁也。最大之架，并印十纸，四人司之。且有既印正面复印反面者，殊费工夫。凡印新报八种，惟北德意志者销售最多，每日不过万纸而已。造整铅板之器，甚为简易，铸字机亦精工利用，计值六百马克，实优于英法所制。谈及中国字模，最少须五六千枚，约须六千马克。铜质铅镶，究嫌重笨。厂主将当日在厂游览，印成花片，以志雪泥，称谢而去。（苞／174—175）

北德意志报，即 Norddeutsche Allgemeine Zeitung（《北德总汇报》），是在柏林出版的一份大报（图四），立场保守，跟当时的普鲁士政府走得很近，舆论定向唯俾斯麦马首是瞻，所以有"俾办的传声筒"（Bismarcks Hauspostille）"民办官报"（offiziöse Zeitung）的名声[1]，报纸的订阅者也主要为高级公务员

1　马列编译局把这份报纸的名字译为"北德总汇报"。列宁《评"和平"口号》："1915年6月27日，奥地利社会民主党人的中央机关报、维也纳的《工人报》引用了德国的政府报纸《北德总汇报》上的一篇大有教益的声明。"《列宁全集》第26卷注225："《北德总汇报》（Norddeutsche Allgemeine Zeitung）是德国反动的大资产阶级的报

（接下页）

图四　北德意志报

和欧洲的报业同行。

斌台尔，即 Emil Johann Alois Friedrich Pindter（1836—1897）（图五）。斌氏出生于奥匈帝国的乌赫尔堡（Uherské Hradište），1873年获得德意志帝国国籍。早年从军之时，他就在军报编辑部工作，由此开启了他的报人之路。此后十多年他接受奥匈帝国的派遣，以"作家"兼"流亡者"的身份漫游瑞士、德国，常住过巴黎和布加勒斯特。1861年加入北德意志报馆，1866年升为副主编，1872年接手主编职务，翌年当选为社长，同时对北

（接上页注）
纸（日报），1861年起在柏林出版。该报一直是普鲁士政府和德意志帝国政府的半官方报纸。1918年改称《德意志总汇报》(Deutsche Allgemeine Zeitung)。"

图五 斌台尔

德所属的印刷业务（德意志帝国暨普鲁士王国国家报业印刷厂 /die Druckerei des Deutschen Reichs-und Königlich Preußischen Staats-Anzeigers，自 1876 年起还包括北德图书印务出版股份公司 / Norddeutsche Buchdruckerei und Verlagsanstalt A.G.）也大权在握。同年他创建德国保守党。他在《北德意志报》的核心任务，已经由报纸的财东北德银行（Norddeutsche Bank）和对干政甚为热情的汉堡富商欧伦多夫兄弟（Albertus Ohlendorff 1834—1894, Heinrich O. 1836—1928）通过合同规定为"推进德国统一大业的实现"，也就是坚决支持俾斯麦路线。因为他深厚的奥匈帝国背景，斌氏在外交事务中也积极发挥穿针引线的作用。[1]

---

[1] Bernd Sösemann, "Pindter, Emil Friedrich", in: Neue Deutsche Biographie 20 (2001), S. 450 f. [Online-Version]; URL: https://www.deutsche-biographie.de/pnd118641670.html#ndbcontent.

所以斌氏邀请中国钦差去报馆参观，未尝不可以看作是他的一次公关活动。编务、印务整个流程一路下来，招呼周到。从李凤苞的记录看，主人的安排颇有生意眼光，李凤苞对报馆的兴趣其实也多半在印务的技术性环节方面，体现了他作为铁杆的洋务派在出使生涯中对"为用"的西学洋技不懈的追踪了解，并尽可能详细记录、迅速报告，供总署及时了解。

此次参观印刷车间的过程中，宾主方面也**谈及中国字模**。当时欧洲能够排印汉字的条件还很有限，只是巴黎、伦敦有比较成熟的活字排版能力，德国科学院为印制科学著作曾致力过从巴黎引进字模，花费不少，但因字数过少（《康熙字典》的214个部首都不全），质量也差强人意，后来不得不另想办法，做了若干补充。同时科学院也得到在华传教士郭实腊提供的字模一套。这两套字模都由 A. Beyerhaus 负责翻铸活字。从19世纪中期开始，科学院印书局印制了芍兑（Wilhelm Schott）的一系列汉学著作。直到1879年德国帝国印刷局（Reichsdruckerei）成立，特别是1887年柏林东方语言学院（Seminar für Orientalische Sprachen）的创立把"小语种"教材和成果的出版印刷真正推到当务之急的日程上。[1]不过，这已经是李凤苞造访北德日报之后十年左右的新发展了。在德国印刷业为实现能够印刷汉字的努力中，柏林始终是一个中心。北德日报馆的印务人员对此应了然于心，这应该也是斌台尔与李凤苞谈论这个技术问题的背景。

1　Georg Lehner, *Der Druck chinesischer Zeichen in Europa: Entwicklungen im 19. Jahrhundert*. Wiesbaden: Otto Harrassowitz, 2004, S. 120-150.

三、使华外交翻译

　　光绪七年（1881）三月廿八日　德国性理举人伦次，得外部凭照，准其赴北京德国使馆学习翻译，月薪五百马克，整装一千二百马克，川资之外，在途每日零用十五马克，限十年学成。倘半途自退，应将领过各款缴还。伦次自前年经博郎说项与赓、荫二君易教华德文字，仅一年有半，已认识华字不少，惟文理语言则相去尚远。然以十年之限，倘能专心学习，又何患不成哉。（钱/59）

　　光绪七年（1881）四月二十四日　二点钟，送德人伦次往中国北京，入德使署中办事。（寅/767—768）

　　驻柏林清公使馆翻译随员钱德培、参赞徐建寅说到的这位德国未来外交翻译——**伦次**，本名 Philipp Karl Ludwig Lenz（1850—1930），是一位本来学业有成之后有志于投身外交事业的年轻人，通过自学，也就是与清使馆两位翻译互帮互学（tandem language learning），打下了汉文汉语的基础，受到德国外务部的雇用，从1881年起在北京的德国公使馆"学习翻译"（Dolmetschereleve），1887—1889年任译员，此后升任上海、厦门副领事，1917年任烟台总领事。[1]

---

[1] Mechthild Leutner & Klaus Mühlhahn (eds.), „Musterkolonie Kiautschou": Die Expansion des Deutschen Reiches in China. Deutsch-chinesische Beziehungen 1897 bis 1914. Eine Quellensammlung. Berlin: Walter de Gruyter, S. 561.

到达中国之后，Lenz 还有另外一个汉文名字**连梓**，见于光绪十六年（1890 年）五月十九日档案《德国连梓升署烟台副领事官由》。[1] 虽然都是音译，**连梓**在语义上优于**伦次**，也许是到达中国之后所起。

连梓这个名字的音译似乎有所借鉴：**甲柏连孜**（Hans Georg von der Gabelentz, 1840—1893），德国汉学家，1878 年起在莱比锡大学担任编外教授，1881 年出版 *Die chinesische Grammatik*，书的封面上印有汉文书名《汉文经纬》、作者、出版社（图六）。

据此可以推断，甲柏连孜这个汉语（形式的）名字早为学习汉语的晚学 Philipp Lenz 所知。连梓比甲柏连孜年轻十岁。1889 年，当三十九岁的连梓升任德国驻上海领事之时，四十九岁的甲柏连孜刚刚离了婚，事业方面倒是张起顺风帆：同年他受聘为柏林东方语言学院教授，7 月 27 日入选柏林科学院院士。[2]

赓音泰、荫昌当时在柏林驻德使馆任翻译官，两人均为同文馆出身。荫昌（1859—1928，字午楼，满洲正白旗人）后来进入德国军事院校学习军事技术，回国后非常活跃，兴办天津武备学堂，参与和德国合作兴办铁路、开采矿山，1900 年、1908 年两度奉派德国钦差大臣，在德国因缘方面可以说是出尽

---

1 https://catalog.digitalarchives.tw/item/00/0b/a8/88.html（2020 年 4 月 26 日读取）。《清季中外使领年表》，北京：中华书局，1985 年，第 133 页。另参 Elisabeth Kaske（白莎），*Bismarcks Missionäre. Deutsche Militärinstrukteure in China 1884-1890*, Harrassowitz, 2002, S. 112. 白莎在书中征引了 Lenz 在驻烟台领事任上的一些公文函件档案。
2 有关甲柏连孜生平，参 Martin Gimm（嵇穆），*Georg von der Gabelentz zum Gedenken. Materialien zum Leben und Werk*. Harrassowitz, 2013.

图六　甲柏连孜《汉文经纬》中文扉页（1881年莱比锡出版）

风头。英国人博郎（H. Octavius Brown），最初由赫德推荐给郭嵩焘在清驻英使馆任头等翻译，光绪三年（1877年）随刘锡鸿转任德国，刘奉调回国、李凤苞由英国调柏林署理公使后继续留任，直到光绪六年九月"辞退销差"，由李凤苞专门从上海制造局礼聘的四品衔翻译金楷理接替为止。[1]

性理举人，即哲学博士。张德彝对德国"太学"（即大学）制度中的"性理"一科是这样解释的：讲生人魂魄之根本，知觉之由来，何以得见，何以发现（五／492—493）。以"性理"

---

[1] 高田时雄：《金楷理传略》，《日本东方学》第一辑，北京：中华书局，2007年，第260—276页。李凤苞到任，博郎于光绪六年（1880年）九月十三日请退，事务暂由钱德培接手（钱／39—40）。

表达西方概念意义上的"哲学",是近代的一种基于宋明理学的理解。[1]

四、春酒五月饮

> 光绪十四年(1888)四月初五丙戌　晴,微暖。现为公历五月初旬,德京村野之间,产一草名外麻色尔,形如夏枯草,味似茵陈,亦五月间生,至六七月即谢。土人拾得,泡以冰水,外加谋萨酒与搜大水(即碱水),饮之味似香宾,香而不冽,号曰五月饮,德语曰麦得隆。(五／112)

外麻色尔,即德语 Waldmeister 的音译(记音不够准确,遗漏了一个辅音 -t-)。这是茜草科(Rubiaceae)拉拉藤属(Galium)下的一种叫香猪殃殃(Galium odoratum)的植物,又名香车叶草,植株的一大特点是其香气诱人,常被用来加到食物或饮品中以提高风味。现代餐馆、咖啡馆、酒馆提供的这种低酒精度饮品,以莱茵白葡萄酒加柠檬汁、桂叶、香车叶草并加糖作配料调配而成。

张德彝说的**五月饮**,译自 Maiwein(也叫 Maibowle"五月大盅")(图七)。

谋萨酒,即德国所产葡萄酒 Moselwein,是莱茵河谷两岸陡

---

[1] 参陈启伟:《哲学译名考》,《哲学译丛》2001年第3期,第60—68页。

图七 宗卜士（Ludwig von Zumbusch）绘《大碗豪饮图》（Fröhliche Gesellschaft mit Bowle，德国纳高 Nagel 拍卖 2013 年 6 月 6 日，lot 575）

坡地带葡萄种植地区酒坊的传统名品，特别以白葡萄酒中的雷司令（Reisling）最为佳酿。

搜大水，Soda-Wasser，现在通行**苏打水**的译法。[1]

---

[1] 苏打水这个译法出现得并不晚，香港苏打水馆（Hongkong Soda Water Manufacturing Company，在嘉咸街 Graham Street 5 号）业已著录于 1868 年的 *The Chronicle and Directory for China, Japan, and the Philippines fort the year 1868*, p. 149。同书还登录另一家"稣打水馆"（Soda Water Manufactory），在香港威灵顿街（Wellington Road），p. 156。

最后张德彝注出"五月饮"的德语叫法**麦得隆**，即 Maitrunk（又称 Maitrank[1]）。

这条记述确实、具体，看来张德彝是目验过原植物，也向人了解了这种低酒精度饮品的加工方法，并自己品尝过味道。两年后，光绪十六年（1890年）闰二月二十日，张德彝应邀

> 赴德人司庇该夫妇家跳舞会，男女二三百，看至子正回寓。其所备之酒食，有红酒、白酒、啤酒、五月酒、柠檬水、碱水、火腿面包片、鸡肉面包片、鹅肉酥饼，以及牛奶假冰糕等。（五／421）

包括五月酒在内，四种酒水，张德彝一一识得。

五、婚俗

光绪五年（1879）闰三月十九日　为德绅士蓝得漫之侄女绿衣姒嫁期，请赴礼拜堂观合卺之礼。夫妇并跪神龛前，教士口中喃喃，楼上作乐。乐与他乐不同，亦洋琴之类。教士念毕，复口说劝词，至新妇垂泪者，然后将夫妇左手所戴金戒指，互换戴于右手无名指上。神龛两旁各立十数人，男左女右，均吉服。女各手执大花把，犹中国伴

---

[1] Tom Stobart, *The International Wine and Food Society's Guide to Herbs, Spices and Flavourings*. McGraw Hill, 1973.

新人者。然均系至戚好友。礼毕，至堂后，诸客握手称贺。新人乘车回家，贺客同往，遂设宴入席。至晚，夫妇即絜行装，出外游历约一月始返。亦有先一日设宴请客者，名曰陂而脱阿盆脱。（钱／38）

两个人名**蓝得漫**、**绿衣姒**，不难复原为德国姓氏 Landmann 和女性名 Luise，但不详何人。钱德培记录的教堂婚礼场面很标准正常，他注意到主持婚礼的教士要求新人夫妇无论贫寒困厄都须生死与共的那一席话，令"新妇垂泪"，是他观察细致之处。新人成婚后即束装出游一月，在此蜜月一词呼之欲出，但钱德培似乎不知有此。

陂而脱阿盆脱，即 Polterabend，字面意思是"碎瓦之夜"，指的是流行于德国、波兰、奥地利、瑞士德语区以及北欧的芬兰、丹麦等国的一种婚俗。瓦格纳歌剧《纽伦堡的名歌手》第三幕，萨可思（Sachs）的台词"war Polterabend, dünkt mich doch?"和大维德（David）的台词"Verzeiht das Gewirr! Mich machte der Polterabend irr"，严宝瑜译为"昨晚我感到像新婚前夕的闹婚"，"原谅我的胡涂！昨夜闹婚把我闹昏了头"。"闹婚"这个译法有所本，杨业治先生主持编纂的《德汉辞典》该词条说："（婚礼前夕的）闹婚之夜（德国旧俗，婚礼前夕在新娘家门口摔碎盘碟等物，传说其碎片会带来吉利）。"看来闹婚是中国德语界已有共识的译名，以闹婚译 Polterabend，是一个解释性的翻译，但它的字面有点风险，容易令中国读者联想到"闹洞房"，二者其实不同。德语原词并无"闹"

义，也没有提到"婚"。

据权威的《格林兄弟德语大词典》：碎瓦之夜是"婚礼前夜的庆祝活动，通过宴饮、歌舞以及其他嬉闹，并摔砸旧瓦器、瓷器，使之破碎，意在告别单身时光，走入婚姻生活"。[1] 这一活动的参加者，原则上的确"均系（新人的）至戚好友"，不请生人参加，两大特点也很直观：只图自己开心、不顾他人休息地喧闹、高歌，破坏陶瓦、制造碎片。人类学家认为，婚礼前夜的吵闹，这个风俗的意图在于广告，旨在为新人家庭向未来的邻里做引介。民间信仰认为，碎片能给人带来好运（Scherben bringen Glück）。另外还有学者就这个活动制造破坏性的响声这一点，解释这一礼仪驱鬼除恶的巫术作用。[2]

六、柏林闹市区

光绪十四年（1888）戊子二月二十四日丙午　晴，冷。
德京闹热大街共四条：曰朴斯当，曰来百喜，曰福来得立，

---

[1] *Deutsches Wörterbuch von Jacob und Wilhelm Grimm.* Leipzig, 1854-1961. Online-Version vom 29.04.2020.
[2] Anna-Maria Äström, "Polterabend. Symbols and Meanings in a Popular Custom of Aristocratic and Bourgeois Origin". In: *Ethnologica Scandinavica*, Vol. 19, 1989, pp. 83-106. 顺便一说，虽说民间风俗有稳定的主流性特点，但现代人也与时俱进，《德汉词典》说"闹婚"是德国旧俗，似乎现代不太时兴了，其实这个风俗现代仍然很普及，而且不见得非是要上新娘子家门口去闹动静，在男方或女方家里办派对，全看他们自己的喜好。旧风俗也受到创造性的继承。据说，大物理学家海森堡的女儿嫁给米夏艾尔·曼（Michael Mann）的儿子（也就是托马斯·曼的孙子），两家关起门来搞了一场碎瓦活动，两亲家一个弹钢琴，一个拉中音提琴，合奏了一曲室内乐。

曰恩德林敦。朴斯当街长三千四百步，北至朴斯当坊，南至胡鄂浦巷。中自库斐森街，北至朴斯当坊，长逾二千步，楼房尤属一律整齐。来百喜街，长两千四百步，东自斯比台市，西至朴斯当坊，铺房宏敞，出售货物多上品。福来得立街，长四千一百步，南自莲丝坊，北至朔西街，中由阔豪街口北至恩德林敦街，长一千五百余步，铺户稠密，尤属华丽鲜明。恩德林敦大街，长一千五百步，东自桥边芦泗园，西至五道门，街极宽敞，甬路三道，正中沙土，左右栽树两行，列铁椅，设点心小木房，以便行人休息。北石墁走笨车，南漆墁走轿车。王宫、花园、书库、军械库，皆在街之东鄙。而大店、饭馆、戏园、鱼池之类，亦多在此街。四大街惟朴斯当及来百喜二街准走公交车，有铁道。（五／87）

这是张德彝对一百四十年前柏林中心区主要街道的一个比较细致的描述。不熟悉柏林地理的读者，看到成堆的音译词，更不免目为之眩。其实，名字比定出来，附上一张地图，就容易一目了然了（图八）。

朴斯当街，即 Potsdamer Strasse，今名波茨坦大街。

朴斯当坊，也就是 Potsdamer Platz，今名波茨坦广场。

来百喜街，即 Leipziger Strasse，今名莱比锡大街。

福来得立街，即 Friedrichstrasse，街名来自人名腓特烈一世（Friedrich I，1657—1713），以前国人称之为腓特烈大街，现在大多叫弗雷德里希大街。

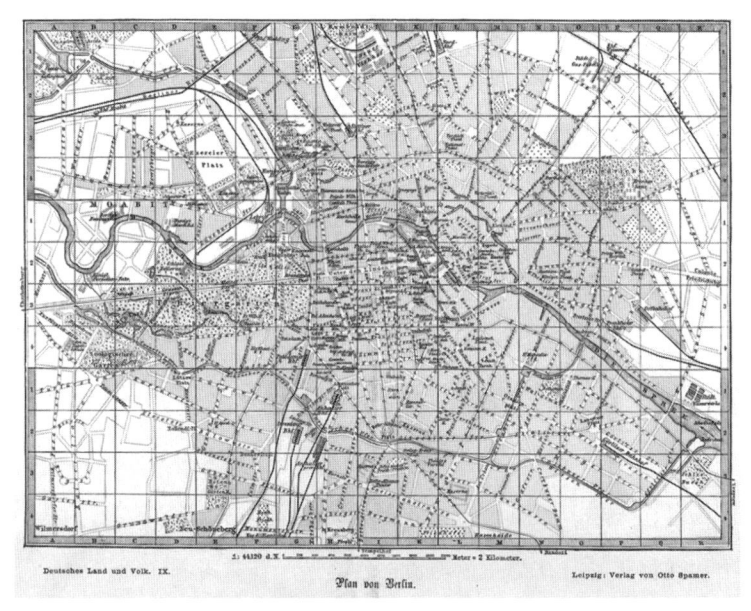

图八 柏林市中心地图

恩德林敦，即 Unter den Linden，今名菩提树下大街。

这四条大路，是当时柏林主要商业区所在，围绕着两个中心：波茨坦广场（即**朴斯当坊**）、勃兰登堡门（即**五道门**）。后者这个片区为传统旧城中心，宫殿、官署、使馆、大学、博物馆、教堂鳞次栉比，商业也更为繁华热闹。**福来得立街**和**来百喜街**南北向，**恩德林敦**东西向，福、恩二街呈十字交汇。

芦泗园，Lustgarten "嬉园"。所说的桥，即 Unter den Linden 的东端起点 Schlossbrücke "宫桥"。**胡鄂浦巷**，Hauptstrasse "主街"。**库斐森街**，Kurfürstenstrasse "选帝侯街"。**斯比台市**，Spitelmarkt。**阔豪街**，Kochstrasse "科赫（Johann Jacob Koch）街"。**朔西街**，

117

Chauseestrasse[1]，这基本就是腓特烈大街的最北端了。这些都是比较透明的音译名。

特殊一点的是**莲丝坊**，即 Belle-Alliance-Platz（图九），义为"完美同盟广场"[2]，名字取义于比利时滑铁卢地区的一处名为 Belle-Alliance 的庄园客舍，1815 年就是在这幢建筑里，英军司令惠灵顿公爵（Arthur Wellesley, 1. Duke of Wellington，1769—1852）和普鲁士统帅布吕歇（Gebhard Leberecht von Blücher，1742—1819）胜利会师。战胜强敌，普鲁士人欣喜过望，这个名字就是用以纪念德、英合力战胜拿破仑之役的。此前这个小广场籍籍无名，只有一个并非专名的名字 Rondell "转盘"。

时移势易，在第三帝国覆亡后，处于苏联占领区的这个地名因为"有军国主义的嫌疑"而显得尴尬不入时，终战后不久即由

---

1 张德彝在下一年再次提到 Chauseestrasse 这条街，写法是朔溪街：光绪十五年（1889）七月十七日"乘车北行十数里，过朔溪街，入新侯贺街，将出城矣"（五／323）；光绪十五年八月初九日"至朔溪街第十八号石瓦兹阔莆水雷厂一观"（五／329）。光绪十六年（1890）他又把这个街名写成朔斯义街。见下注。

2 莲丝坊是对原名大幅度的截译。Belle-Alliance 这个词在同时代还有几个比较忠实的译法，用字甚至考虑到原语是法语：贝拉阳、北拉阳、贝阿良。张德彝曾于光绪十五年（1889）四月二十五日日记中详细记录"柏林城内戏园、杂耍馆，凡大小二十余处"，其中"贝拉阳园，在贝拉阳街第七至十号"（五／276），据张治：《张德彝西洋看戏补考》考证，此为 Bellealliance-Theater。文刊《澎湃新闻·上海书评》2017 年 8 月 23 日（https://www.thepaper.cn/newsDetail_forward_1770952，2020 年 4 月 18 日读取），现收入张治：《文学的异与同》，北京：商务印书馆，2019 年，第 55 页。张德彝于同年八月三十日再次去"北拉阳灯园观剧"（五／337）。下一年四月初四"瑞乃尔夫妇请汪芝房、陶棐林、庚韶甫、陈骏生与余及陶夫人、陶少君同在朔斯义街（Chauseestrasse）茀来得立赔良斯太堤什戏园（Friedrich-Wilhelms-Städtisches Theater）观剧。园大与贝阿良同，式则稍异。"（五／444）比张德彝早一些年就游览过莲丝坊的公使馆参赞徐建寅，于光绪六年（1880）六月十二日日记中写道："夜八点钟，偕钟鹤笙、程子固往游倍而阿良花园。"（寅／723）拟音接近标准。

图九　莲丝坊 (Belle-Alliance-Platz，约 1882 年)

当时共产党占上风的柏林市政府于 1947 年改为 Mehringplatz（相应的路名 Belle-Alliance-Strasse，改为 Mehringdamm），以纪念默林（Franz Mehring, 1846—1919）这位国际共产主义运动的著名人物、德共创始人之一、《马克思传》的作者。可能就是因为半路里增生的红色基因，现代的默林广场一直是德国左派每逢特殊的日子举行公开活动喜欢选择的地点，其所在的柏林十字坡（Kreuzberg）区在 68 学运中举世闻名。对这个"社会焦点地区"，柏林市政府已决议于 2020 年进行改造，下文毕竟如何，且拭目以待。[1]

---

[1] Andreas Conrad, "Belle-Alliance, Waterloo und Berlin: Napoleons letzte Schlacht-Spurensuche in Kreuzberg", Der Tagesspiegel 2015.6.18. https://www.tagesspiegel.de/berlin/belle-alliance-waterloo-und-berlin-napoleons-letzte-schlacht-spurensuche-in-kreuzberg/11931330.html（2020 年 3 月 28 日读取）。

图十　铜版画五道门（勃兰登堡门）

文中的**五道门**，即**勃兰登堡门**（Brandenburger Tor，图十），李凤苞1879年日记中记录它当时的汉文名字是**得胜门**（苞／182）。后来驻德国人根据它有五个门洞，各有一条马路穿过的外观特征，起了这一个更形象直观的名字。"光绪十三年十一月十一日，……五道门，地在恩德林敦大街之西首，因有石牌楼一横五门，故吾人呼之曰五道门。"（五／41）华人身处异乡，为当地风物起一个华风华貌的名字，减少一些陌生感，戏谑幽默，可解乡愁。

在此我们还可以注意一个技术性名词：坊，张德彝用以对译西文的"广场"（Platz，place），如上文中已经勘出的**朴斯当坊**、**莲丝坊**。又如张德彝译的其他广场名字：

阿来三德坊（五／40，Alexanderplatz，今通译亚历山大广场）。

阿木敖本豪斯坊（五／276，Platz am Opernhaus，歌剧院

广场）。

馈呢坊（五／277，Königsplatz，国王广场）。

吕祖坊（五／505，Lützowplatz）。

马凯塔坊（五／171，本公馆后小河之南吕祖街，有长方地一大块，名马凯塔坊，向作肉菜市。即 Marktplatz，"集市、圩场"，正式名称是 Madgeburger Platz，用张德彝心目中的柏林地名手册应该叫**麻袋布坊**）。

孟比茹坊（五／431，Monbijouplatz，珠宝广场）。[1]

诺伦多荨坊（五／508，Nollendorfplatz）。

石垒坊（五／276，Schillerplatz，即席勒广场，现名御林军广场）。张德彝在别处译作**什蕾坊**（五／398）。

坊，是中国古代城市的一级自然行政单位，"两京及州县之郭内分为坊"（《唐六典》）。"在野曰庐，在邑曰里"（《汉书·食货志》），可见坊与里同义。宜乎坊里连言为词。实际上坊是街巷构成的建筑片区，相当于英语国家的 block、德语国家的 Viertel（语源正为"四方"）。传统中国并没有西方城市规划设计意义上的广场，用坊这个词来代表它，译西方的 Plazt/place 为坊，似非成功的尝试。

蒙友人艾俊川先生提示，张译 Platz 为坊，他的可能思路是把西方城市中以广场为中心的一个街区比附为中国的坊，广场是

---

[1] 这个地方在战前是柏林股票交易所所在，现在是柏林中区的一个交通枢纽。地名由现今旅游业译为"蒙碧悠"、"梦碧幽"，大有鸳鸯蝴蝶派的笔风，颇疑有关人士是否实际看过这个朴素厚重的普鲁士风格的都市。

一种枢纽，连通四周街巷，组合而成的片区大体可以理解为中土城市的坊。这是理解张德彝翻译实践的（跨）文化背景的一个思路。对清末的人来说，广场是一个新事物，如何用中国话表达？借助已有概念，扩充其内涵，赋予现代的新内容，也是一个变通的办法。此词虽小，作为示范却很有启发性，谨录存备考。

七、波茨坦夏宫

> 光绪七年（1881）七月十一日　波子达姆为柏林陪都，离城约六七十里，轮车行半点钟。其地树木茂密，小山排闼，有宫殿数处，曰无忧宫，曰新宫，曰花石宫，曰橘林宫，曰山宫，曰克林克宫。（钱／74）

波子达姆，就是波茨坦。说波茨坦是柏林的陪都，不无道理，当初腓特烈大帝起意建造这片宫苑，想法来自凡尔赛宫。"轮车"就是近郊轨道火车，当时的公使馆在万德海别墅（Villa von der Heydt），就近登车，半小时到达波茨坦，时间恰当。

波茨坦的中心宫殿区统称 Park Sanssouci **无忧宫**（图十一）。Sanssouci 是一个法语词。地主是普鲁士国王腓特烈二世（1712—1786）——他更有名的称号是腓特烈大帝（Friedrich der Große），是法国文化的狂热崇拜者[1]，曾请伏尔泰到波茨坦住了两年，留

---

[1] 据说，他对自己给王室图书馆的拨款管理甚紧，明确要求以收藏法国图书为头等大事唯一重点，并亲自过问具体的采购书目里是否包含了重要的著作。

图十一　波茨坦无忧宫（Stiftung Preußische Schlösser und Gärten Berlin-Brandenburg 收藏）

下了很多有关这位爱智慧的君主和不可一世的哲学家之间的传闻轶事。无忧宫围建筑固然模仿法国洛可可风格，但是整块林地却又是比较自然的、荒一点的英式，真是一个信步徜徉的好去处。

新宫，波茨坦 das Neue Palais 的意译名。

花石宫，因为钱德培没有具体描述，单靠名字字面比较难确定复原，现猜测为 das Marmorpalais "大理石宫"。中国建筑传统里有特别垂青带纹采、颜色奇异石料的偏好，所谓花石纲，流俗往往解释成奇花异卉加上珍异石材。其实花草是不能这样长途运输的，舟船劳顿、令民怨沸腾的应是石头。宋末元初周密《武林旧事》卷二赏花："禁中赏花非一。……先期后苑及修内司分任排办，凡诸苑亭榭花木，妆点一新，锦帘绡幕，飞梭绣球，以至裀褥设放，器玩盆橐，珍禽异物，各务奇丽。……

堂前三面，皆以花石为台三层，各植名品，标以象牌，覆以碧幕。后台分植玉绣球数百株，俨如镂玉屏。"以花石为台，是以有纹理的美石作成花台，上面摆放花卉。所以，颇疑花石纲应理解为 tributary shipments of rare rocks。钱德培以花石对译 Marmor，相当高明。今人按字面译为"大理石宫"，不仅直白无味，音节也嫌冗赘。

橘林宫，das Orangerieschloss。这是一座多功能的宫室，既贮藏绘画作品，又是过冬植物的温室，王家客人也可以在此过夜，宫苑仆从则以此为常规宿舍。

山宫，钱德培给出的这个名字比较笼统，德语里没有对应词。在可能范围内有两处建筑：Belvedere auf dem Pfingstberg 以及 Belvedere auf dem Klausberg，都是在山坡地上建造的小规模宫室，后者在无忧宫正北，举目可见。

以上新宫、花石宫、橘林宫、山宫都属于无忧宫的范围，**克林克宫**则另在一地，已经属于柏林管辖区，与波茨坦仅有一桥之隔，名为 Schloss Glienicke（格林尼克宫），是普鲁士第一将作大匠申克尔（Karl Friedrich Schinkel, 1781—1841）为普鲁士卡尔王子（Carl von Preussen, 1801—1883）设计建造的古典主义风格的庄园式宫室，因靠近宛湖，是王室消夏避暑的去处。[1]

因为波茨坦的宫苑为德国一大名胜，又邻近柏林，所以历届中华使臣无不前往游览徜徉，留下不少诗文记载。在钱德培

1　Götz Eckardt et al., *Schloss Sanssouci: amtlicher Führer*. Die Stiftung Preussische Schlösser und Gärten, 1996.

游览波茨坦之后七年，驻德公使洪钧率使馆一干随员往波茨坦作消夏之旅，张德彝随行。张德彝在日记中写道[1]：

> 光绪十四年（1888）五月十五日　晴，热。是日星使约蒲拉坨、哲宁、金楷理及汪芝房、陶棨林、姚子梁、承伯纯、恩仲华、陈骏生与余，往游朴斯当（Potsdam）。午初，乘马车行五六里至朴斯当火车栈（Bahnhof Potsdamer Platz），实时登车，东行稍南，五十五里至朴斯当村（Potsdam-Stadt）。一路树林阴翳，小山小水，景致可观。十一点三十分下火车。登马车，复行数里，下车步入贤苏瓦希园（Park Sanssouci）。其中花木丛杂，水法石人，布置幽雅，水法有高四丈者。缓步行三四里，转登石阶，正面卧一石女，在此少立，觅得马车二辆，回行十数里，至格里呢园（Schloss Glienicke）内午酌。馆因地名，杨柳成行，树下列几，亦极有趣。地由王赐，房屋无多。食毕，步行五六里，登巴贝斯柏尔山（Babelsberg），山并不高，树密路平，山下即哈苇湖（Havel）。转入老王行宫（Schloss Babelsberg），楼不高大，而器具一律朴素，姑不琐述。楼外花木芬芳，景致幽雅。既而下山，步入加非馆少坐，又行里许至湖边登舟，走代荣佛恩湖（Jungfernsee）二里许，转回又驶三四里至瓦色尔港（Anlegestelle Wannsee），弃舟登岸，时已戌初。实时上火车，戌正回寓。（五／145—146）

---

[1] 汉文地名对应的德文原词由笔者随文注出，不再详加说明。

图十二　柏林、波茨坦共有的哈苇湖（网络图片 Haveldüne Panorama auf die Obere Havel in Berlin）

半天的工夫，一行人车行步走，里程上百，去了这么一大片地方（图十二），路程衔接相当紧密，想来公使馆里华洋干员熟门熟路，攻略做足，不过有些显得过于匆匆，想来诸公非常辛苦。由钦差正使洪钧带队，虽说名义上是消夏郊游，难免也带上半正式公出之意吧。

张德彝记录此行的地名如他的一贯作风，中规中矩，所以不难复原。[1] 可以指摘的只有一处：**贤苏瓦希园**，用贤字转写 sans，是误以为它跟英语 saint 之类是同源词，因此经验主义地套用了他出使英国时把伦敦的 St. James 形神兼备地译写为"**贤真睦斯**"的成例。[2] 苏瓦希，多出一个音节瓦，法语只发**苏希**。看来张德彝不识 Sanssouci 这个词，意思搞错，音韵失真，提供的新译法不完善。尽管在语言上无忧宫失之于张德彝的眉睫之

1　"走代荣佛恩湖"，"走代"二字费解。
2　两年后，再次提及圣彼得堡（Saint Petersburg），张德彝译为贤比得堡，见光绪十六年（1890）七月二十八日日记（五／504）。

前，但可以相信，在光绪十四年五月十五日，也就是公历1888年6月24日这个星期天，清公使馆的中外人士十一人，还是知道他们去波茨坦看到的是什么。

2020年5月2日于波恩大学纲维会馆
（原刊《中国文化》第五十二期，2020年秋季号）

大清的朋友圈

——李凤苞记录的诸国驻德公使名单

1878年（光绪四年）10月27日，李凤苞（图一）以留学监督兼二等参赞之职在伦敦接到谕旨，"候选道李凤苞，着赏加二品顶戴，充署理德国钦差大臣"（苞/153）。[1]第二年他被任命为驻德正式公使，1881年兼出使意大利、荷兰、奥匈帝国三国大臣，1884年兼署驻法公使，从而全面担当起大清帝国常驻欧洲重要国家的外交使命。任期共六年，当时清制出使三年为一任，获得延任，与同时使英的曾纪泽情形相同，同样受到清廷的倚重，以曾、李两人的身资差异论，更显李凤苞得到超出常规的器重。李凤苞是19世纪难得的"技术官僚"（technocrat），懂科

---

[1] 本文使用的版本及简称形式如下：李凤苞《使德日记》，长沙：岳麓书社，2016年。钱＝钱德培《欧游随笔》，长沙：岳麓书社，2016年。五＝张德彝《五述奇》，长沙：岳麓书社，2016年。简称：苞/169，指《使德日记》第169页。涉及讨论的外国名、人名书写形式，使用加粗体。人物原名拉丁拼法与汉字转写的对音部分，标以斜体，以清眉目。《清实录·光绪朝实录》卷七十六光绪四年七月乙亥，"以候补四五品京堂曾纪泽为出使英国法国钦差大臣，赏戴花翎"。"以候选道李凤苞署出使德国钦差大臣。赏二品顶戴。"《光绪朝实录》卷九十二光绪五年闰三月乙未，"赏候选道李凤苞、三品卿衔。以海关道记名。充出使德国大臣"。

图一 李凤苞（摄于奥地利维也纳）

技，通外语，与外国人交往经验丰富，是洋务运动最急需的人才。

在为时六年（1878—1884）的使任上，李凤苞以他干练的行事风格完成了很多长线（"换约"）和短线（应对处理危机）的外交工作。他的另一方面的任务是为北洋海军采购海军舰只和军火，也正是因涉及巨额款项，有关贪腐的指控终于给他的职业生涯画上了句号，奉调回国后不到三年便郁郁而终，终年不过五十三岁。其一生是非功过，从当时一直到今天都有人在评说，褒贬相差悬殊。近年有学者基于更多文件，对他的贪污案是否为冤案重新加以讨论。[1] 从名山事业的角度讲，他"著有《四裔编年表》、《西国政闻汇编》、《文藻斋诗文集》等。其他音韵、地理、数学，皆有论著，未成"。[2] 在供职江南制造局期间，李凤苞与德国人金楷理（Karl Traugott Kreyer, 1839—1914）[3] 合作翻译的《饼药造法》、《克虏伯炮说》、《克虏伯炮弹造法》、《克虏伯炮表》、《攻守炮法》、《行海要术》、《营垒图说》等，也是他对洋务运动和中国国防工业现代化的贡献。此外，他还留下了一些公文函电，先有清驻德使馆档案的整理公布，后有他与天津北洋军械局的信函，近年也已出版，记录了他出使期间的公务活动。[4]

《使德日记》[5] 可说是李凤苞最有名的著作，最早在光绪年间由江标刊刻于湖南使院灵鹣阁丛书（与李文田《朔方备乘札记》收在同一册），目录原有六卷，现仅存一卷，约四万字，记录的

---

[1] 李喜所、贾菁菁：《李凤苞贪污案考析》，《历史研究》2010年第5期，第178—188页。另参徐兵《李凤苞年谱》，崇明县政协文史资料委员会、崇明县档案局（馆）编纂《李凤苞——清末崇明籍外交官》，2005年，第75—165页；《信息编年》，第183—208页。
[2] 《清史稿》卷四四六本传，第12484页。
[3] 高田时雄《金楷理传略》，《日本东方学》第一辑，北京：中华书局，2007年，第260—276页。
[4] 《驻德使馆档案钞》，原藏美国国会图书馆，1966年由台北学生书局影印出版。陆德富、童林珏整理标点本《驻德使馆档案钞》（"近代中外交涉史料丛刊"），上海：上海古籍出版社，2020年。张文苑整理《李凤苞往来书信》（上下册），北京：中华书局，2018年。
[5] 李凤苞于光绪七年九月初五日写给天津军械局刘含芳的信中写道："五年日记尘积于敝簏中，尚未暇厘订呈政。"见《李凤苞往来书信》卷十三第476页。所说的"五年"，盖指自他担任光绪三年留学监督放洋以后至光绪七年写信之时。日记曾有"泰西日记"的名称。据俞樾撰《皇清诰授荣禄大夫二品顶戴三品卿记名海关道李公墓志铭》，李凤苞遗稿中有《泰西日记》，"皆写定可读"（《春在堂杂文》，《中国近代史料丛刊》第四十二辑，第1070页，台北：文海出版社，1989年），应是出使日记的足本，现存《使德日记》仅是其中的一个部分。《使德日记》目前的通行本是岳麓书社"走向世界"丛书2016年版，穆易校点。另有一个现代整理本，收入《李凤苞往来书信》，第853—913页。

是从光绪四年十月初二日到十二月底除夕夜李凤苞到德国最初三个月的工作、生活、见闻、思虑。其他五卷向来未刊，稿本不知是否还在天壤间。仅就今存的一卷看，内容实在、丰富，对外事过程、商务接洽记述清晰，对所见所闻西方技艺产品的技术细节的描写不厌其详，足为洋务派一代增色。

本文就《使德日记》中一段有关各国外交官情况的记录原文，依次对这些使节及所属国家、名字加以考释，先根据各国有关外交使团人员名录和其他外文外国史籍记载，复原出当时驻德外国使节名字的外文书写形式，确定其人的 who's who，在能够确定真实性的情况下将有关人物的肖像图片附刊出来，然后就日记的史料价值做一点讨论，顺便提出一点有关文字整理和校勘问题的意见。

在接到总理衙门转到的光绪皇帝谕旨、军机大臣奕䜣函件的五天后，即1878年11月1日（星期五）清晨，李凤苞便从伦敦启程，先乘火车到**都乏海口**（Dover，多佛尔港），换乘轮船抵**喀来海口**（Calais，加来港），再换火车，途经法国、比利时，于11月3日当地时间6点45分到达柏林。当天是西历的礼拜日。下车伊始，在与前任履行交接手续之后，履新的李凤苞即于11月4日（星期一）拜会德国外相**毕鲁**（Bernhard Ernst von Bülow, 1815—1879），然后就密集展开对其他驻德使节的拜会，访问的顺序依次为：

1. 意大利大使（11月7日星期四下午）
2. 英国大使（11月8日星期五下午一点钟）

3. 俄国大使（11月8日下午）

4. 法国大使（11月9日星期六下午三点钟）

5. 土耳其公使（11月11日星期一下午三点钟）

用时正好一个星期，走完第一轮。

英、法、奥、俄、意这五个向德国派驻大使的国家，是李凤苞计划首先会晤的对象。所以，在拜会德国外相毕鲁之后，李凤苞随即致函五国使馆约定时间。在随后几天里，他依次拜会这几个国家的使节。

头等使

1. 卢赛尔（苞 / 155，160，165，188，194），即 Odo William Leopold *Russell*, 1. Baron Ampthill（1825—1884），英国驻德大使（图二）。有关该氏，参下文 6.1。

图二 卢赛尔画像（《名利场》*Vanity Fair*, 1877 年 7 月 20 日）

2. **汕乏连**（苞／161），即 Charles Raymond de La Croix de Chevrières, comte de *Saint-Vallie*（1833—1886），法国驻德大使。参 6.5。

3. **吴布里**（苞／160），即 Павел Петрович *Убри* / Pavel Petrovich *Ubri*（1820—1896），俄罗斯驻德大使。光绪七年（1881 年）李凤苞再次会见此人，"（闰七月）初五日午后见俄使**乌柏里**，即前在柏林之俄使"。[1]

4. **罗讷**侯爵（苞／159），即 Luigi Maria Edoardo de *Launay*（1820—1892），意大利驻德大使。参 6.6。

5. 奥匈帝国公使空缺，"奥公使暂回本国，由参赞代理"（苞／164）。即将任命的新公使是 Emmerich Széchényi von Sárvár-Felsővidék（1825—1898）。奥匈帝国有一级使馆的地位，李凤苞也有意前往拜会，但是没有实现。所谓"暂回"，也许当时是得自奥国使馆的官方说辞，但实情是此时是旧使卸任、新使未来的空档期。据外交文献记载，前任公使 Alajos Károlyi von Nagykároly 已于 1878 年 11 月 3 日离任。[2] 李凤苞记录此事是在光绪四年十月十七日，即西历 1878 年 11 月 11 日，正值两位公使一去一来之间。不仅如此，奥国因此被李凤苞降格列在使馆名单的最后一部分，原因也就在于，当时奥国正使空缺，由**华根士拖士步希**（详下文 4.28）代理公使职责，自然不能作

---

1 《驻德使馆档案钞》，第 91 页。
2 Erwin Matsch, *Der Auswärtige Dienst von Österreich(-Ungarn) 1720–1920*, Wien: Böhlau, 1986, S. 143.

为头等使看待。

6. 萨多拉贝（苞／164），即 Sadullah Pascha（1838—1891）（图三），奥斯曼土耳其帝国驻德公使。奥斯曼帝国（1517—1923）与德国于 1837 年建立外交关系，1871 年德意志帝国成立后升级为大使级外交关系。[1] 奥斯曼帝国是当时少有的未与清朝建立官方关系的大国。1934 年土耳其与中华民国缔结正式外交关系。

图三　土耳其驻德公使萨多拉贝

按李凤苞自己的记录，他的这一拜访程序是按照"西例"，也就是西方的外交常规进行的，从大国一等使节开始依次逐一

1　Tobias C. Bringmann, *Handbuch der Diplomatie 1815-1963: Auswärtige Missionschefs in Deutschland und deutsche Missionschefs im Ausland von Metternich bis Adenauer*, Berlin: Walter de Gruyter, 2012, S. 405.

进行。至于何以首先去见意大利大使，而不是当时世界第一重要的"日不落国"大英帝国使者，似乎并无深意。也许他走访的顺序只是当时双方约定彼此适宜的时间，造成一种排名不必分先后的次序。事实上，在李凤苞十月到十二月的日记当中，中、英两国柏林使馆之间的往来是最热络频繁的。

在拜访完第一轮之后，李凤苞在日记中又开列了一个清单，列出二等使节以下的所有公使、署理公使的名字，作为下一步的拜会、接触的准备。这个清单内容丰富，也有些有趣的问题，例如有几个名字的标点，整理本有误，有的文字错误可能在早期刻本中已经形成，下文将做说明。为便于叙述，我们先按照我们认为正确的读法，现转录其文如下：

> 今驻德二等使为：比利时之诺汤，巴敦之脱噶克亨，拜晏之啰脱哈脱，巴西之邵胡，丹麦之夸德，希腊之郎噶贝，日本之爱俄基，黑孙之乃脱哈脱，梅令布什之派里乌司，荷兰之华霍和生，美利坚之退辣，葡萄牙之里尔乏斯，西班牙之贝奴马尔，瑞典之比尔脱，瑞士之和脱，萨孙之淖台止瓦费次，威登布什之士必生拜尔希，凡十七员。三等使为：布伦瑞希、奥登布什两邦之里白，汉倍克等三城之克吕噶尔，墨西哥之巴尔雷大，科士答里噶之保削尔脱，凡四员。署使则奥之华根士拖士步希，海为岛之达们，洛生布克之爱生，并中国而为四员。（苞／164）

二等使

6. 比利时之诺汤

Jean-Baptiste Baron de *Nothomb*（1805—1881）（图四）。法语人名。早在 1840 年他就奉派驻使于德意志联盟，1841 年回比利时，短期组阁，并担任首相。晚年代表比利时常驻柏林，推动比、德关系。

图四　比利时驻德公使诺汤

7. 巴敦之脱噶克亨

Hans von *Türckheim* zu Altdorf（1814—1912）。**巴敦**，即 Baden（今译巴登）公国。德语人名。按：当时德意志所属各邦向德意志帝国暨普鲁士派驻使节，犹如邦国驻京代表。这一传统在现代德意志联邦共和国仍有余绪，至今全国 16 个州与独立城市均在柏林设"联邦州代表处"（Landesvertretung）。

8. 拜晏之啰脱哈脱

Gideon *Rudhart*（1833—1898）。德语人名。**拜晏**，即 Bayern，今译巴伐利亚，即当时的巴伐利亚公国。

9. 巴西之邵胡

Vianna de Lima Baron von *Jaurú*（1824—1897）。葡萄牙语人名。

10. 丹麦之夸德

George Joachim *Quaade*（1813—1889）（图五）。丹麦语人名。夸，《使德日记》灵鹣阁丛书本作"套"，整理本从之。看来从稿本过录、上版时此字已误。现据西文原名改。详下文 5.1。

图五　丹麦驻德公使夸德

11. 希腊之郎噶贝

Alexandros Rhizos *Rhankaves*（姓氏亦拼写作 *Rhangabe*, *Rhangavis*，希腊文拼法：Ἀλέξανδρος Ῥίζος Ραγκαβής）（1809—

1892）。希腊语人名。

12. 日本之爱俄基

Aoki Shūzō 青木周藏（1844—1914）。日语人名，据发音的罗马字转写再做的汉字音写。详下文 6.2。

13. 黑孙之乃脱哈脱

Carl von *Neidhardt*（1831—1909）。德语人名。黑孙，即 Hessen。

14. 梅令布什之派里乌司

Max Ludwig Proculus von *Prollius*（1826—1889）。拉丁化的德语人名。**梅令布什**，即 Mecklenburg-Schwerin（今译梅克伦堡—什未林）大公国。

15. 荷兰之华霍和生

Willem Frederik *Rochussen*（1832—1912）。荷兰语人名。

16. 美利坚之退辣

Bayard *Taylor*（1825—1878）。英语人名。李凤苞再一次提及这位美国公使时，使用了另一个音译写法：美耶台勒。详下文 6.3。

17. 葡萄牙之里尔乏斯

João Gomes de Oliveira e Silva Bandeira de Melo Conde de *Rilvas*（1823—1889），1870—1881 年在驻德公使任。葡萄牙语人名。光绪七年（1881 年）李凤苞前往荷兰递交国书，"八月初一日，戌初抵和国都城哈克客寓，葡萄牙使哩耳梵司相迎，系前充驻德使，今充驻和比两国公使"。[1]

---

[1]《驻德使馆档案钞》，第 96 页。

18. 西班牙之贝奴马尔

Francisco Merry y Colóm, 1. Conde de *Beñomar*（1829—1900）。西班牙语人名。

19. 瑞典之比尔脱

Didrik Anders Gillis *Bildt*（1820—1894）。瑞典语人名。

20. 瑞士之和脱

Arnold *Roth*（1836—1904）。德语人名。

21. 萨孙之淖台止瓦费次

Oswald von *Nostitz-Wallwitz*（1830—1885）。德语人名（斯拉夫语源，姓氏来自贵族封地的名称）。**萨孙**即萨克森（Sachsen）王国。

22. 威登布什之士必生拜尔希

Karl Freiherr von *Spitzemberg*（1826—1880）。德语人名。**威登布什**，即 Württemberg，今译符腾堡。外交档案记录该氏1866—1880年期间在符腾堡公国驻普鲁士王国公使任。

三等使

23. 布伦瑞希、奥登布什两邦之里白

Friedrich von *Liebe*（1809—1885）。德语人名。**布伦瑞希**（Braunschweig，今译不伦瑞克）、**奥登布什**（Oldenburg，今译奥尔登堡）邦国驻普鲁士王国公使。

24. 汉倍克等三城之克吕噶尔

Daniel Christian Friedrich *Krüger*（1819—1896）。德语人名。

汉倍克 Hamburg，今译汉堡。"三城"，即汉莎同盟的成员：汉堡、不来梅、吕贝克。

25. 墨西哥之巴尔雷大

Gabino *Barreda*（1818—1881）（图六）。西班牙语人名。

图六　墨西哥驻德公使巴尔雷大

26. 科士答里噶之保削尔脱

Maximilian Siegfried *Borchardt*（1815—1880），德国人，应聘为外国担任使命的职业外交官。**科士答里噶**即 Costa Rica，今译哥斯达黎加。

署使

李凤苞初放之衔头"署理德国钦差大臣"，便是署使，因为当时他只是二等参赞级别。他于赴任前在伦敦见威妥玛，了解到"西国例，凡赍有国书者为二等公使，猝有要事出行，派参赞代理，非国君所派，称桑赛兑费阿"（苞／155）[1]，显然对话之间，主题涉及他在使命与使职之间的不平衡。威妥玛向他介绍的桑赛兑费阿，即是外交法语中的 chargé d'affaires，今译临时代办。

1877 年，也就是差不多在清廷开始向外国遣使、建立现代意义的出使制度的同时，身为英国驻华使馆汉文参赞的梅辉立（William Frederick Mayers, 1839—1878）就注意到职官制度的沟通，出版了一本名为《中国的政府》的手册，将 chargé d'affaires 一职注为"署钦差大臣"。[2]

27. 奥之华根士拖士步希

Anton von *Wolkenstein-Trostburg*（1832—1913）（图七），奥匈帝国外交官，1870 年起在伦敦任驻英参赞，1878 年转任柏林驻德参赞，1880 年起任驻萨克森魏玛公国署使。德语人名。对这个两节组成、又是多音节的名字，李凤苞和他的译员显得力不从心，有音节 -ein- 脱落，译音也有不准确的地方。[3]

图七 奥匈帝国驻德公使华根士拖士步希

---

1 钱德培《欧游随笔》光绪四年五月初二日（钱／29 页）："护理使务者曰'沙惹达非尔'"，记录的是同一个词，译音用字比李凤苞准确。
2 *The Chinese Government*, 1886 2. ed., p. 133.
3 此条由友人唐垒博士（德国爱尔兰根）考出，谨表谢意。

141

28. 海为岛之达们

海为岛就是夏威夷。1878年与德意志帝国建立外交关系之时，夏威夷的政治地位还是一个独立的王国（the Kingdom of Hawaii），派驻公使为亨利·卡特（Henry Alpheus Peirce Carter，1837—1891）（图八）。此人为一富商，曾经参与与美国的贸易谈判，显示出才干。1877年12月受他的国家委派，兼职承担在欧洲多国的外交代表，与

图八 夏威夷王国驻德公使亨利·卡特（摄于柏林C. Brasch画像照相馆）

诸国磋商自由贸易协定。他的名字根本没有出现在李凤苞的名单上，因为事实上卡特并没有驻柏林使任上停留多久，有一种说法是1879年回了夏威夷，但是根据夏威夷方面的记载，他早在1878年3月就已辞官而去，急急还乡，赶回去经营他的农商公司C. Brewer & Co.，1878年7月1日之前已到达美国，不日将返回檀香山，家乡故旧已经在翘首准备迎接这位"壮游世界经年、外交成果累累"的卡特公使的归来。[1]

李凤苞记录的**达们**，正是夏威夷驻德公使卡特的代办。经多方查考，现在我们知道，此人是Frank Williams Damon（1852—1915），当时是从夏威夷到欧洲游历的年轻学者，1877年结识卡特，担任公使馆秘书、翻译（达们的孙辈后来接受采访，谈到

---

[1] *The Friend*, New Series Vol. 27, No.7.

祖父在柏林的差事乃是出于夏威夷国王的特别任命，因为**达们**语言能力出众）。有关其生平，详见下文 6.4。

达们于光绪四年十二月十二日（1879 年 1 月 4 日）到中国公使馆拜会，在与李凤苞的谈话中，除了谈论"海为岛"（夏威夷）的一般情况、华侨生活（"近年华人甚多，勤苦工作，食少力强，居民亦不凌虐"），他还提及他"幼时在美国读书，曾与容闳交好"（苞／201）。容闳在 1872—1875 年间任留美学生副监督，该计划实施到 1881 年终止。双方的交往当发生在这个时期。容闳是广州府香山县人，在国外他的名字使用粤语发音 Yung Wing，他的名作《西学东渐记》英文原版 My Life in China and America 的作者署名便是如此，他的母校耶鲁大学档案馆设有容闳专档 Yung Wing Papers，2017 年曾经有人提议，应将一所耶鲁新建的学院冠名为 Yung Wing College，以纪念这位"国际教育交流和文化交往的典范性人物"。但是，在 1870 年代的中国，容闳还不过是个留学归来、因为洋务运动崭露头角的小官。他的广东发音名字，由李凤苞（上海崇明人）和他的译员（陈季同、罗丰禄均为福建人）在与西方人的随意交谈中，能够一听便知所指谁，并非易事，可见他们之间的了解程度。

29. 洛生布克之爱生

Paul *Eyschen*（1841—1915）（图九）。**洛生布克**即 Luxemburg，今译卢森堡。详下文 5.4。

图九　卢森堡驻德代办爱生（Pierre Blanc 绘，发表于 1913 年 9 月 28 日《卢森堡图片报》*Luxemburger Illustrierte*）

标点与文本问题

以上注释的二等公使以下部分文字，岳麓书社 2016 年版的标点是这样的（图十）：

1. 套德：刻本、整理本中这个名字均作"套德"。现在根据这位丹麦使者的名字 Quaade，可以合理地勘订为"夸德"。夸、套字形相近，抄写者在不明语源、不知其义的情况下，容易混淆写错。名从主人，外国人名应以原语本名为准，这可以视为理校法的一个特例，可称之为以洋还洋。

2. 不伦瑞希、奥登步希：普鲁士这两个传统的公国，在 1871 年德意志帝国建立之时改变为附属邦国（Bundesstaat），所以这个地方应该是"不伦瑞希、奥登步希两邦"这样标点。里白也的确是驻柏林的两邦代表。

3. 墨西哥之巴尔雷大、科士答里噶之保削尔脱：巴尔雷大

> 十七日 三点，谒土其耳公使萨多拉贝，与陈同往。
> 人颇安静，谓吾侪东方国，习欧洲话甚难，一切规制，亦
> 有不同，且问中国日后究竟仍派公使与否。苞答："想不
> 久必派公使。"萨云："既派于前，不便中止。敝国与中
> 国通好已久，当必格外相待。凡有所知，无不实告。"辞
> 出。此外奥公使暂回本国，有参赞代理。西例，谒头等使
> 既遍，即到二三等使处投刺，并拜头等使夫人。俟二三等
> 使投刺报拜，再往请见，并拜其夫人。既遍，乃谒各国参
> 赞随员。今驻德之二等使为比利时之诺汤、巴敦之脱噶克
> 亨、拜晏之啰脱哈脱、巴西之邵胡、丹麦之<u>塞</u>德、希腊之
> 郎噶贝、日本之爱俄基、黑孙之乃脱哈脱、梅令布希之派
> 里乌司、荷兰之华霍和生、美利坚之退辣、葡萄牙之里尔
> 乏斯、西班牙之贝奴马尔、瑞典之比尔脱、瑞士之和脱、
> 萨孙之淖台止瓦费次、威登布希之士必生拜尔弗，凡十七
> 员。三等使为<u>布伦瑞希、奥登布希、两邦之里白</u>、汉倍克
> 等三城之克吕噶尔、<u>墨西哥之巴尔雷大科士、答里噶之</u>
> <u>削尔脱</u>，凡四员。署使则奥之华根士拖士步希、<u>海为岛之</u>
> <u>达们洛生、布克之爱生</u>，并中国而为四员。又循例谒各部

图十 《使德日记》，岳麓书社，2016 年，第 164 页

是墨西哥的公使，**科士答里噶**是一个词，就是现今的哥斯达黎加。顿号应点在大、科两字之间。

4. 海为岛之达们、洛生布克之爱生，岳麓书社 2016 年版断句为："海为岛之达们洛生、布克之爱生。"友人张治教授向我指出，**洛生布克**是一个词，即卢森堡（Luxemburg），不可当中点断。

如此一来**爱生**可考，即卢森堡驻德国的常任代办 Paul Eyschen（1841—1915），1875—1888 年在柏林任所，随即回到卢森堡，出任首相，并兼任外务委员会总干事、农业与葡萄栽

145

培部部长，直至 1915 年去世。[1]

外交人物的经纬纵横

李凤苞名单的史料价值，体现在他的记录触角已经延伸到广泛的国际外交实务范围，而不局限于他的本职范围中德关系。作为实录，这个名单记录了当时主要国家驻德 1880 年前后的外交代表，大部分人物有比较明晰的记录，少部分现在已经很难考索。有些人物因为与李凤苞和清使馆来往较多较深，李凤苞日记着墨稍多，百年之后的今天读来，依然发人兴味。

1. 英国大使：卢赛尔

英使**卢赛尔**的姓氏 Russell 引人注意：他是第一代罗素伯爵、两任英国首相约翰·罗素（John Russell, 1st Earl Russell, 1792—1878）的侄儿；这位罗首相能为中国读者所知，实拜经典著作之赐。1855 年 7 月 25 日马克思发表时评文章，讥讽过这位在任的辉格党党魁，"约翰·罗素勋爵爱引用辉格党的一句老格言：'政党像蜗牛，尾巴带动头。'大概他没有料想到，尾巴为了自救，是会把头砍掉的"。[2] 这句英语的俏皮话，按管锥学术

---

[1] Jean Schoos, *Die Orden und Ehrenzeichen des Großherzogtums Luxemburg und des ehemaligen Herzogtums Nassau in Vergangenheit und Gegenwart*. Luxemburg: Verlag der Sankt-Paulus Druckerei AG, 1990, S. 197.

[2] 马克思：《约翰·罗素勋爵》，《马克思恩格斯全集》第 11 卷，北京：人民出版社，1995 年，第 431 页。

方法，大可与《左传》的"末大必折，尾大不掉"相比较。

罗首相的嫡孙、卢赛尔大使的侄子，中国读者就更加熟悉了：哲学家罗素（Bertrand Russell，1872—1970），"五四运动"之后不久，他曾来中国访学授课一年，还写过一本《中国问题》（*The Problem of China*，1922年），当中包含很多外交角度的国际政治思考，说他是"亲华派"，当无异议。

Russell这个英语姓氏，在近代中国还有过另一次辉煌的登场，就是美国人办的旗昌洋行（Russell & Co.），主营茶叶、丝绸、鸦片，大进大出，买卖兴隆，在19世纪在华美商中应属翘楚，1818年由Samuel Russell（1789—1862）创办于广州，他的汉字名字是"剌素"。[1] 旗昌这个行名的寓意，据说是希望花旗国人的买卖兴隆事业昌盛。[2] 这个解释有理，这种给洋行起名的方式是借鉴同时代的华商起名常规做法，远的不说，剌素的朋友、十三行大商人浩官伍秉鉴的怡和行就是一个参照。和气生财，买卖之道古今皆然。教会中人也有姓Russell的，如1848年来华、后任宁波主教的英国圣公会的W. A. Russell，汉名陆赐。这些都是音译，剌素俚俗，但是简单明快，方便记忆；陆赐是一个兼顾

---

[1] *The Chronicle and Directory for China, Japan, and the Philippines Fort 1864*, Hong Kong: The Daily Press, p. 233. 现代人不明故事，看到Samuel Russell这个名字，不知他就是故人剌素，重新制造一个貌似标准的现代音译：塞缪尔·罗素，"但这还不是成交价最高的广州外销画，在2003年的一场拍卖会上，《塞缪尔·罗素（Samuel Russell）号帆船》以22.3万美元成交"。见《聚焦广州外销画拍卖市场》，《收藏》2011年第1期，第71页。这个报道写的是2003年8月Northeast Auctions拍卖的The Ship Samuel Russell at Whampoa Anchorage（Sunqua绘），这里写《黄埔港中的旗昌洋行三桅帆船》就对了。一人两名，不仅是重复引进，还制造了迷惑，掩盖了历史。
[2] 黄光域：《工商史料考证九题》，《近代史研究》1995年第2期，第258页。

寓意的音译名，在教会人士中这种做法可以说从传教活动的肇始阶段就注意到了，一以贯之。

说完他的本家亲戚和同族，现在回到**卢赛尔**本人。他对李凤苞非常友好，一大原因是他跟英国驻华外交官威妥玛（Thomas Francis Wade, 1818—1895）是老朋友，李凤苞出发到柏林赴任的前夕，威妥玛专程到中国使馆相会，并即席挥就介绍信一封教李凤苞面转卢使，因为卢在德多年，在诸位各国同仁中间俨然是"大哥大"，与德国政界和柏林外交圈关系熟稔，又有威妥玛郑重相托，请他多多将中国新同行向柏林政治圈引荐，"卢公在德最久，人亦和平，凡事可面商也"（苞／155）。当然这种盛情的背后，自然也有英国在牵制多头关系方面老谋深算的功利心，何况当时清王朝向西方购买武器舰船的意图已经公之于世，以威妥玛对中国的了解和自信，他自然希望能为英国、英国企业出一把力，争取在军售订单上拔得头筹。后来果然出现了李凤苞需要在购买英国货还是德国货之间的取舍抉择，威妥玛也介入谈判，希图发挥影响，为英商出力。

"旺健果毅，气宇不凡"的英使卢赛尔，与李凤苞初次见面，"首询曾见威君否"，借此强调他与当时的英国驻清公使威妥玛关系非比寻常。继而表示，"我英国甚喜为中国出力，阁下如有委托，尽可频来，勿拘形迹，自当体国家之意，为中国效劳也"（苞／160），这一席话四平八稳，有面子，也有里子。客气话虽是这么说，李凤苞数年在欧洲为大清订购军舰、兵器，因多下单德国造，屡屡受到英国方面游说集团的压力，甚至他的被革职也隐隐有这一层因素在起作用。对此事前因后果知根知底的曾纪泽说过一句话"英评德舰，徒乱人意"，利益冲突方与其说是举报，莫如说是诽谤。[1]

2. 日本公使：青木周藏

日本公使**青木周藏**（图十一），是驻德多年的外交官，1873年担任代办，翌年升任公使。期间娶了一位德国夫人。1885年卸任回国，担任外务省次官、外务大臣。后奉调赴英担任公使。[2]

在李凤苞日记中起初叫**爱俄基**。这是日本人名按照日语发音的拉丁化写法，这侧面透露出李凤苞得到的柏林外交使团的介绍材料是西方语言文本，日本人名未标汉字。日记中下一次提及日本公使，是同年十月十五日在士旦丁（今波兰什切青）参加吴尔铿船厂（Werft Vulkan）新造铁甲舰威尔登白希号（SMS Würtemberg）落成下水仪式。日本使者祝酒词曰："德国兵船日盛，驶往东方，众所钦仰。吴尔铿厂工日拓，助国富强，尤为可敬。"（苞／162）接触过几次之后，青木公

图十一　日本驻德公使青木周藏

---

[1] 《李鸿章全集》，合肥：安徽教育出版社，2008年，第21册，曾纪泽致李鸿章电（光绪十一年七月二十六日到）。
[2] Hans Schwalbe & Heinrich Seemann, *Deutsche Botschafter in Japan*, Tokyo, 1974, S. 34-35.

使跟中国公使馆开始了比较近的往来。1879年除夕前，他先邀请李凤苞赴宴，李凤苞发现女主人是德国太太。陪客中有在德学习"交涉公法"八年的道克德尔（Doktor）和考取德国武职的都司，引起了李凤苞的注意。作为回报，李凤苞特地办了一个辞旧迎新的除夕晚宴，邀请青木公使和日本使馆的几位随员，席间宾主热烈笔谈，尽欢而散。李凤苞对日本使团，有"习西国理学，颇有所造，可见日本人之勤学矣"，印象颇深，很有感触（苞／207）。

3. 美利坚公使：退辣／台勒

在李凤苞开列的使节名单中，美利坚的**退辣**（Bayard Taylor）（图十二），他未曾来得及谋面，但是出席过他的葬礼，当时，李凤苞履新尚未满月。这次提到美使的名字，李凤苞换了一种音译：**美耶台勒**（苞／193，194）。事由是当天他参加了这位外交官的葬礼纪念会。台勒英年早逝于柏林使任上。他本来是作家、诗人、旅行家，早享大名，还因为他精通德语德文，特别崇拜歌德，将《浮士德》全文以歌德原样的德语格律译成英文，在翻译史上立下不朽的功绩。

因为应邀出席这位歌德专家的葬礼，李凤苞得以了解台勒与歌德的因缘。在当天的日记中，李凤苞

图十二 美国驻德公使退辣／台勒

留下了一篇歌德小传，把歌德（Wolfgang von Goethe）的名字音译为**果次**。李凤苞日记的这一记录由钱锺书先生发现，指出重点所在："果次一称俄特，正是歌德；《完舍》就是《少年维特》。"[1] 由此确定了驻外使节李凤苞是歌德开始进入中国人视野的最早记录，回顾中外文化交流的因缘，其实也不应忘记媒介作用有引路绍介之功的美国公使台勒。

4. 夏威夷代理公使达们——孙中山的友人芙兰谛文

夏威夷代理公使**达们**的落实，颇费周折。因为夏威夷王国早已进入历史，现在是美国大家庭的一员，关于夏威夷往昔的外交史被淡忘，实在可以理解。对他的追寻，很长时间只能止步于Bringmann的《德国外交手册》（*Handbuch der Diplomatie 1815-1963*），该书只收录了正使卡特，卡特离职他往，是否有人任代办，无一语及之。李凤苞名单开列的三十个使节名，其中二十九人有名氏，本文至此考出二十八人，达们几乎要因书缺有间而付诸遗憾了。

由于一个偶然的因缘，我翻览到一份夏威夷出版的基督教会月报 *The Friend*，发现一位名为 Frank Williams Damon 的夏威夷作者，他远渡重洋，到欧洲游历，去过英国、北欧和大陆的一些国家，特别喜爱阿尔卑斯山区的瑞士、法国部分，常住德国，曾

---

[1] 钱锺书：《汉译第一首英语诗〈人生颂〉及有关二三事》，《七缀集》（修订本），上海：上海古籍出版社，1994年，第155页。王丁：《洋话汉写——清末使节笔下的西方风物》，《中国文化》第五十二期，2020年秋季号，第186—189页"杰狄——新发现的歌德别名"。

在北莱茵地区巴冕城（Barmen）做过当时留学德国的夏威夷人家的寄住客人。他跟 The Friend 有非常紧密的关系，经常投稿，稿件一部分是他在欧洲旅行观光的游记，另一部分是报道德国见闻，形成了一个栏目"旧大陆漫记"(Rambles in the Old World)，编号连载，每期平均两三个版面，从 1877 年到 1882 年，五年间共发表了六十一篇，足有一本书的分量。从多封信的内容，能够推断 Frank Williams Damon 就是达们，关键证据有二：

（1）他提到 Carter 的活动，如：在 1878 年 1 月 29 日的德国来鸿中，他讲述了"是卡特大臣的盛情邀请，让他（译者按：指达们本人，叙事使用第三人称）依依不舍地挥别莱茵河，一路观赏美景，来到这个光彩夺目的帝都柏林"，夏威夷王国公使馆的所在同时也是卡特的官邸，正位于城市的心脏部位，左右前后无不是宫殿、大学、博物馆、大教堂，"透过窗户即可以看到腓特烈大帝御马铜像"。[1]1878 年 3 月，在一个柏林宫廷为来访的奥匈帝国小王子举办的晚会上，他为卡特和新登基的德国皇帝做过德语口译。[2]

（2）在署名的时候，他经常把夏威夷驻德使署标为写作地点：至迟是 1878 年 3 月 23 日，信的结尾行是 Hawaiian Legation, Berlin "夏威夷驻柏林使团"。特别是 1878 年 12 月 10 日的信，全文的内容是报道美国公使台勒故去的消息，"整个驻柏林的各国外交使团悉数出席纪念典礼活动"。最后署名部分同样写的

1　*The Friend*, 1878 年 3 月号，p. 20。
2　*The Friend*, 1878 年 5 月号，p. 35。

是"Hawaiian Legation, Berlin, Frank Williams Damon（于夏威夷驻柏林使署）"。有的时候，他甚至把公使馆的街道地址号码也一并写出，如 1878 年 6 月 20 日的一通，署："F. W. Damon, Hawaiian Legation, 39 Behren Strasse, Berlin"（达们，发自柏林贝凌街 39 号夏威夷驻柏林使团）。

这两点足够说明，Frank Williams Damon 是这个时期夏威夷公使馆的成员。有点奇怪的是，他本人在他几年当中的欧洲来鸿中，并没有明确提到他的外交使命。从他一共六十一篇"旧大陆漫记"看，他是一个受欧陆浪漫主义文学浸染很深的文学青年，最经常的话题是欧洲的文化、艺术、建筑和让他至深赞叹的大自然造化之美。有一次，他提到从贝凌街（Behrenstrasse）39 号使馆到对面的大学听课，"只有两分钟的路程"，这自然只能是柏林大学了，也就是菩提树下大街（Unter den Linden）北侧现在的洪堡大学主楼。1878 年 5 月，他在那里听了一堂古典学的课：

> 我在德国大学听的第一堂课，是无法轻易忘记的。那是五月的一个早晨，春光美妙，春色清甜，上课时间是八点到九点钟，教室不大，听课的学生有九位，老教授白发虬髯，讲的是"荷马与伊利亚特"。这是我此生第一次听到人用拉丁语讲话，很美。[1]

1　*The Friend*, 1878 年 8 月号，pp. 61-62。

这里未提姓名的教授，应是当时执教柏林大学的两位古典学教授之一：一个可能是瓦伦教授（Johannes Vahlen, 1830—1911），1874—1906年任教于柏林大学。另一位年纪稍长的柯希浩夫教授（Adolf Kirchhoff, 1826—1908），1865年起担任正教授。从Damon转述的授课内容推测，柯希浩夫的可能性大一些，他是荷马专家，有关专著至少就有四种，1879年还完成了一部新作《荷马笔下的奥德赛》(*Die Homerische Odyssee*, Berlin: Verlag von Wilhelm Hertz)。另外，从形象描写看，传世的两幅瓦伦肖像照片，一幅大约是四十五岁左右，一幅是注明1910年摄，也就是他八十周岁的时候，都完全不蓄须。柯教授则正相反，他有一部茂盛的大胡子，传世的多幅照片中所见面貌无不如此。达们旁听课程是在1878年，其时柯教授年满五十二岁，应已进入鬓有二毛的年纪，白发白髯，只能是他，所以，可以基本确定达们听的是荷马专家柯希浩夫讲的荷马课程。

说明Frank Williams Damon外交活动的自述材料，见于1879年4月的《旧大陆漫记》，直接关涉清公使馆：

> 现在我对中国使馆成员的兴趣与日俱增，我们的关系好极了。现任署使，同时兼任中国派往欧洲留学生的监督，眼下去了英国，正在考察那里的教育制度。我想，对欧洲人来说，中国人还是一个谜。使馆武官陈季同（Tscheng-ki-tong）就是一个好例证：他文雅有修养，通法文、德文、英文，社交能力一流，贵为柏林最上流俱乐部的成员，仍谦

和有礼，安静可亲。他的藏书非常可观。最近，他刚用最纯正的法文给出版商写了一封信，谈好了在巴黎出书的事。这样你马上就明白了，这些跟以往那些围绕中国人的印象有点不同。

不久前，我曾去中国使馆勾留了一个上午，他们这里的别墅很漂亮。[1]

前文我们曾经引述到李凤苞日记，1879年1月4日达们曾经造访过清使馆。看来此后陈季同还与他有单独的交往。这里说到的清国署使就是李凤苞。

对此有两份材料，可以最后确定我们的推测是正确的。一个是官方记载：Frank Williams Damon 的生平简历，见于《阿默斯特学院校友录》[2]，译文如下：

Frank Williams Damon，1852年12月10日生于檀香山，神父 Samuel C. Damon 博士与 Julia Sherman（Mills）之子，就读于瓦胡学院（Oahu College），1876—1881年旅德，1877—1881年任夏威夷公使馆秘书。1881年起任夏威夷华人牧化会总办（Superintendent of Chinese Mission Work）。

---

[1] *The Friend*, 1879年6月号，p. 47 柏林1879年4月17日来信。
[2] *Biographical Record of the Alumni of Amherst College, 1821-1896*, Vol. 2, Amherst (Mass.): Amherst College, 1901, p. 21.

另一种材料是 Damon 家族的欧美支派族谱：Damon Memorial, to the Damon families in the Old and New World，由 Samuel C. Damon 编纂，1881 年作为私印本出版。Samuel C. D. 本人的妻子儿女小家庭，见于族谱的第 29—30 页，五个孩子中老四是 Francis Williams，简历中提到他担任夏威夷驻德公使馆秘书，时间是 1878—1880 年，比"校友录"所记短两年。这个误差是本人陈述与父亲记忆的差别，应以当事人本人的版本为据。关于达们从欧洲回夏威夷的行程，族谱说"1881 年经印度回到檀香山"。根据刊载于 The Friend 月报的《旧大陆漫记》连载之六十号，达们 1881 年 7 月途经香港，曾登岸短暂停留，并顺便访问了广州，游览名胜，拜访教会友人，包括未来的岳父哈巴安德。

因为族谱出版于 1881 年，达们回到夏威夷之后的事迹无从得知。但是族谱透露了一个事实就是达们名字的拼法有 Francis 一种形式，那么，维基百科 Samuel C. Damon 词条记录的其子之一"Francis Williams Damon（December 10, 1852-June 22, 1915）"，一定就是 Frank 了，这个生日与《阿默斯特学院校友录》所记完全一致，卒日也具备。Frank 跟 Francis 其实是同一个名字的不同形式，前者使用于早年，可能是 1881 年回国之后开始使用 Francis。

返回夏威夷的达们投身华人传教事业，起步之初的事迹见于他编纂的《夏威夷群岛华人牧化事业年度报告（1886 年 6 月至 1887 年 6 月）》，使用的也是 Francis 这个名字。这份报告目前因为时下疫情，导致德国各地图书馆停止借阅而无法看到，但是据一种比较细致的书志学解题目录，可以了解到这本三十页的年度报告的梗概。除了向侨居夏威夷岛的华人传教这一事业目标如何实施之外，报告提到夏威夷华人社区的一些问题，如与当地生活融合、单身汉数量大以及源出于广东"土客之争"（rivalries between the Haka and the Punti）等问题，也是身为夏威夷华人牧化会总办的达们和他的同工们的关注所在。他刚回夏威夷的时候，教会曾为他择定了一位当时在基督教青年会从事圣书流通工作的华人教友 Ho Ah Pui（音译：何亚培）做他的汉语老师，教他学广东话。这一点从侧面透露出当地华人群体的地区来源特征。

以上这些线索，无疑与李凤苞写到的达们"幼时在美国读书，与容闳交好"（苞／201）形成了有趣的联系。达们本人如何结识容闳、达们父子的教会背景与容闳带领的赴美留学生团体中出现的信教情况是否发生过关系、1881年以后的夏威夷华人传教事业是否与容闳还发生过交集，这些问题都还有待挖掘材料，做进一步的研究。

Damon 家族在夏威夷显然是一大望族，留下的家族档案、照片、编辑出版的书籍报章为数可观，现已有人进行系统搜集、整理，可在线阅览（Hawaii Mission Houses Digital Archives）。达们的照片（图十三）就是借助这个网站得以确认的。

达们夫人名 Mary Rebecca Happer（1858—1949）（图十四），其父哈巴安德（Andrew Patton Happer, 1818—1894），医学出身，由北美长老会派到华南行医兼传教，参与将《新约》译为粤语的

图十三　夏威夷驻德代办达们（Damon, Francis Williams, *Hawaiian Mission Houses Digital Archive*, accessed May 28, 2020, https://hmha.missionhouses.org/items/show/11687）

图十四　达们夫人（哈巴二小姐），摄于香港华芳映相馆（Damon, Mary Happer, *Hawaiian Mission Houses Digital Archive*, accessed June 2, 2020, https://hmha.missionhouses.org/items/show/11674）

工作，做过广方言馆教习，因兴办格致书院（Canton Christian College）而成为后来成立的岭南大学的实际奠基人之一。Mary 在三姐妹中行二，人称"哈巴二小姐"（大姐哈巴礼理、妹哈巴三小姐，均从事教会工作，兄弟哈巴安 Andrew Patton Happer, Jr. 供职于清海关）。哈巴四兄妹生长在广府，粤语可以说是他们的第二母语。Mary 婚后随达们回到夏威夷，因语言之便，多经常接触粤省人士，成为夏威夷华人传教会的有力奥援，对夫君的事业和社会交往为功匪浅，可以想见。

有关 Frank Damon 的故事还没有完：孙中山（孙文）少年时代随侍杨太夫人到夏威夷，投奔其兄长孙眉（字德彰），1882年就读美国纲纪慎传道会（American Congregational Church）在檀香山开办的 Oahu College，期间曾得到一位名叫芙兰谛文的教师的关照，"校中教员及传教师芙兰谛文等均器重总理学行，莫不循循善诱"。[1]1885年，孙中山又因家中关系出现危机，需要紧急回国，窘迫之间得到芙兰谛文的金钱资助。"总理在檀岛小学肄业时，任小学教师。总理归国时得其资助旅费。"[2]1894年冬，檀香山兴中会成立后，孙中山有意为革命做军事方面的准备，延请丹麦人柏者（Viktor Bache）担任教员，培训华侨兵操队，此时又是芙兰谛文提供了寻真书室（Mills School，以其母亲的姓氏命名）的附属操场，助成其事。[3]1904年、1909年、1911年孙中山三次在入境美国之时，因清廷行使外交干预措施而受阻，是美国华侨首领和芙兰谛文这样的国际友好人士出面参与担保、提供证词才得以通关登埠。[4]1910年孙中山再次到夏威夷，当年六月离檀香山前往日本，行前当地友朋举办欢送仪

---

[1] 冯自由：《革命逸史》第二集，《孙总理信奉耶稣教之经过》章，上海：商务印书馆，1945年，第10页。
[2] 冯自由：《革命逸史》第三集，《孙总理之友好及其同志》章，上海：商务印书馆，1946年，第15页；罗家伦主编：《国父年谱》增订本，台湾中国国民党中央委员会党史史料编纂委员会，1969年，上册，第29页。
[3] 陈锡祺主编：《孙中山年谱长编》，北京：中华书局，1991年，第40页、第73页，名字写为"芙兰蒂文"。
[4] Allen F. Damon, "Financing Revolution: Sun Yat-sen and the Overthrow of the Ch'ing Dynasty", *The Hawaiian Journal of History*, Vol. 25, 1991, pp. 161-186. 此信由芙兰谛文嫡孙、夏威夷孙中山基金会主席 C. F. Damon, Jr. 律师收藏。

式，主持者为芙兰谛文。[1]

辛亥革命成功，满清覆亡，中华民国成立，孙中山就任临时大总统，于1912年2月8日给芙兰谛文（Francis W. Damon）写信，对国际人士一向为中国革命付出的支持表示感谢，也感谢谛文对访美的儿子孙科给予照拂，并带回谛文一封致中山的信。[2] 就是在同一年夏天，1912年7月22日，孙科与陈淑英结婚，婚礼是在陈家的侨居地夏威夷举行的，礼毕，谛文特地在他的凤梨岛别墅设宴，款待新人和宾客们。[3]

芙兰谛文无疑就是Frank Damon，谛文是Damon的粤语音音译。粤语是当年海外势力强大的方言，也是辛亥革命元老中的主流团体方言。记载这些事情的冯自由本人也是广东人，籍贯南海，生于日本，十四岁在横滨随父兄加入兴中会，初识孙中山，时为1895年。他是辛亥革命史的主要见证人，对孙中山事迹熟悉，他的记述当有所本。两相比较，粤语音的芙兰谛文[fu4 laan4 dai3 man4 / man6]，比官话音的达们更接近Damon的英语原本音值[deimən][4]。颇疑达们这个译名的始作俑者李凤苞以及他的两位译员陈季同、罗丰禄，在制作这个柏林使节名单之

---

1 Henry Bond Restarick, *Sun Yat-sen, Liberator of China*, New Haven: Yale University Press, 1931, p. 101.
2 见 Yansheng Ma Lum & Raymond Mun Kong Lum, *Sun Yat-Sen in Hawaii: Activities and Supporters*, Honolulu: University of Hawaii Press, 1999, p. 66 Fig. 2.22。
3 *The Friend*, 1912年9月号，pp. 199-200 做了婚礼报道，"孙逸仙博士的长子孙科大婚，仪式既洋溢着东方礼仪情调，又富于现代都市气氛"，"新人向出席婚礼的嘉宾赠送了铸有中山头像的中华民国硬币，以为纪念"。
4 就此名的英语发音，我曾向马克梦（Keith McMahon）教授请教，谨致谢意。

时不晓得 Damon 这个词的正确发音,也没有听过人实际说过这个名字。

达们、芙兰谛文名字、事迹的勘定,使一个从 1878 年就进入中国人的视野、1880 年代投身对华人的传教、教育事业,对孙中山、辛亥革命予以资助支持、1912 年还与孙中山保持通信联系的夏威夷——美国人士 Frank Williams Damon 浮出历史的水面。民国方面把芙兰谛文定位为"同情革命"的外籍人士。[1] 有关这个人物的材料线索尚多,因过于逸出本文主题范围,姑不扩展涉及。

5. 法国公使:汕乏连

在李凤苞的笔下,法国公使**汕乏连**(Charles de La Croix de Chevrières, comte de Saint-Vallier)(图十五),"容貌清癯,仙骨姗姗,接见甚恭",两人话题充满了客套的外交辞令,谈到共同熟悉的法国驻华公使白罗尼(Brenier de Montmorand,1813—1894),汕使遂提起不久前白使由北京寄给他的刺绣珍品,自然就引起来

图十五 法国驻德公使汕乏连

他中国刺绣工艺之精的一番赞美,"绘绣刻镂,具有学问,良以怡情悦性,即是切用"。(苞／161)虽是外交场合寻常 small

---

[1] 张玉法《外人与辛亥革命》,《中国现代史论集》第三辑《辛亥革命》,台北:联经出版事业公司,1980 年,第 438 页。

talk，汕氏辞气之温和，在李凤苞的转述中，仍很传神，也很能体现文化法国的风格。

有一封据说是李凤苞寄自法国的致友人信，当中提出中国自强的"五策"，信的结尾说："所识西国博雅之士，论及创制，每推中国。如新报之仿邸抄，化学之本丹家，信局则采亭罗之记，印书则为冯道之法，煤灯之本于四川火井，考试之本于岁科取士，至于南针火药，算学天文之开于中国，更无论矣。唯西国日求其精，中国日失其传耳。穷则变，变则通，诚吾国今日急务矣。"[1] 看来，李凤苞比较注意"从世界看中国"的视角，对外邦人士对中华文明的评价上心记录，这里特别强调的是中国曾经拥有的发展优势如何为西人所借鉴的往事，颇显温和洋务派的平衡感。

6. 意大利公使：罗讷

意大利公使**罗讷**侯爵（Graf Edoardo de Launay）（图十六）。李凤苞所见其柏林官邸即是书房，"入其门，牙签万轴，插架连床，望而知为学问中人"。（苞／159）李凤苞也不失时机，表达了对两国交往源远流长的赞赏，称道"西士游中国者，惟贵

图十六　意大利驻德公使罗讷

1　郑振铎编：《晚清文选》，上海：生活书店，1937年，第163—164页，李凤苞"巴黎答友人书"。

国最早",言下所指,推测起来不外有两个可能:利玛窦、马可波罗,都是意大利人。利玛窦于明末入华,其人其事不必细述,以李凤苞朝廷使臣的身份,颇注意区别普通士人与教士[1],所以此时所指应非利玛窦。

另一个可能是蒙元时代来华的威尼斯人马可波罗,来华时代比利玛窦更早两个世纪。李凤苞常驻伦敦的时候,光绪四年三月初一(1878年4月3日)郭嵩焘曾与"著有注释马尔克波罗书"的苏格兰学者"优诺"有过晤面[2],对这位学者的马可波罗研究已初有了解。当时李凤苞正在留学监督任上,常驻伦敦,与郭嵩焘见面频繁,共同出席外交场合也多,如1878年5月1日法国世博会开幕,郭嵩焘受到法国外交部的邀请,率一行人前往参观,"是日开设万国珍奇会,外部瓦定敦致送与会票一纸,因偕李湘甫、姚彦嘉、德在初、联春卿、李丹崖、陈敬如、马眉叔及马格里、日意格、斯恭塞格、高氏亚同往"。除了郭嵩焘这边可能是一个信息来源,李凤苞与日意格(Prosper Marie Giquel,1835—1886)是留学监督业务上的密切拍档,日意格的秘书高

---

[1] "(于奥地利维也纳)见教士使,问苞重视中国教士否。苞曰:'教士于三四百年前到中国者,传授天文算法,皆敦品积学之士,通国皆重视之。今后若遇有品学之教士,而无滥收刁民挟制官府之习者,人之重视,犹与三四百年前无异也。'"见《驻德使馆档案钞》,第91—92页。
[2] 郭嵩焘:《伦敦与巴黎日记》,长沙:岳麓书社,1984年,第524页。优诺即Henry Yule(1820—1889),通译玉尔,或裕尔、俞耳,其书为 *The Book of Ser Marco Polo*, 2 Vols., London: John Murray, 1871。郭嵩焘是湖南人,发音背景里有泥母、来母混淆的问题,所以以诺译 le,译音用字受方言影响不标准。

第（Henri Cordier，1849—1925）[1]是位渊博的东西交涉史学者，对 Yule 著作和东西关系史也最为熟悉，通过这个途径，李凤苞对马可波罗的经纬也可以及时了解到。

谈到当时的欧洲时局，罗讷发表了一番议论：

> 俄、土未定（按：顿号系本文作者所加，整理本此处未点开，易滋"俄国领土"的误解），人心惶恐，商贾日穷，无如民望息争，而贪心者不免构衅，欧洲之执政无不忧虑。予每羡中国一统为治，可以安享太平也。（苞／159）

罗讷和李凤苞的话题焦点是1878年的俄国和奥斯曼土耳其之间的战争，其时刚刚散去硝烟，英、奥、德、法的欧洲多国集团居间调停，确保战胜方俄国不至于过于坐大，伤害到西欧列强的利益。这一年柏林会议开过，确定了俄土战争后巴尔干半岛各国的领土格局。作为意大利的代表，罗讷是6月—7月"柏林会议"（图十七）的参加者，整整三十天的马拉松艰苦谈

---

[1] 李凤苞把他的名字写作"高氏耶"（苞／155、156），郭嵩焘写作"高氏亚"（《伦敦与巴黎日记》第556页，光绪四年三月廿九日）、"高的亚"（《伦敦与巴黎日记》第699页，光绪四年七月廿四日），曾纪泽写作"高迪野"（《出使英法俄国日记》第280页，光绪五年十一月初四日）、"高狄野"（《出使英法俄国日记》第382、384页，光绪六年九月廿四日、廿九日）、"高谛野"（《出使英法俄国日记》第386页，光绪六年十月初十日），徐建寅写作"高笛也"（"日意格之书记"，《欧游杂录》，长沙：岳麓书社，1985年，第688页，光绪六年正月十二日）。译名如此不确定，似乎透露出 Cordier 本人似乎没有为自己确定一个正式的汉名。这给甄别史料、复原他在对华交往中的事迹增加了难度。"高第"为汉学界称呼这位汉学家的常用译名，参马骥《高第（考狄）档案中的马建忠法文信函》，《宁波大学学报》2017年第6期，第73—79页。

图十七　安东·封·维尔纳绘巨幅油画《柏林会议》（Anton von Werner, Der Berliner Kongreß von 1878，今藏德国柏林州议会）

判，想必给他留下一些痛苦的记忆。"柏林会议"进行之时，驻德公使是李凤苞的前任刘锡鸿（字云生），在不到一年的任期里主要任务是与德国商订通商条约，但未完成，就接到召回的调令，时为1878年8月5日。这也就是说，他的任期的最后三个月有条件了解在德京举行的这一具有世界政治意义的外交大会。但是，在刘锡鸿的《日耳曼纪事》[1]中，没有片纸只字涉及"柏林会议"。这一场绵延两年涉及英、俄、奥匈帝国、奥斯曼帝国的地区性危机，在相隔辽远的中国，就好像不曾发生过一样。光绪初年，清朝经历过两次鸦片战争、太平天国和捻军这一系列外患内乱，通过"同治中兴"稍得恢复，触底反弹，似乎正在好年景，两宫太后垂帘听政，颇能使用能臣，上下励精图治，

---

[1] 刘锡鸿：《英轺私记》，长沙：岳麓书社，1986年，第213—225页。

国家自强进取，似乎要第一次踏上现代化之路。见多识广的西方外交观察家看在眼里，认为这个远离欧洲火药库的中华帝国可以在开明君主政制下安享繁荣稳定的日子了。虽说是外交官的客气辞令，也颇符合当时国际河东河西的时局。

余论

李凤苞当年开列的诸国驻德使节的名单，是他遵循"西例"也就是国际外交惯例而做，动机是为了熟悉新的工作环境，不能仅仅局限于主、宾双边交往，而是需要摸清德国外交界的全貌，所以一个横向、多边沟通思维势在必行。这样的使节名单，在外交圈属于惯例。因为李凤苞兼任清驻荷兰公使，光绪七年（1881年）他前往荷兰递交国书，其时得到之前已在柏林结交相熟的葡萄牙公使提供的名单，"八月初三日，拜公使及部臣，照葡使送来之单，以免遗漏也"。[1]

当年李鸿章上奏保举破格任用外交人才，"李凤苞究心洋务，才识精明，志趣亦甚远大，将来并可备绝域专对之选"。"中外交涉要务，尤为练达，实属不可多得之才。"[2] 事实上，他在到职的第二年1879年擢升正式公使，并兼任"出使和、义、奥三国大臣"，1884年在中法战争之时临危受命监理对法外交事务，说明

---

[1]《驻德使馆档案钞》，第98页。
[2]《李鸿章全集》，合肥：安徽教育出版社，2008年，第31册，第489页，致总署议选员管带学生分赴各国学习（光绪二年八月）；第7册，第257页，闽厂学生出洋学习折（光绪二年十一月二十九日）。

总理衙门对他在欧洲事务上的全面能力是认可和倚赖的。李凤苞是中国最早的一代懂外文外语的外交官,供职江南制造局时期与金楷理等人合作笔译多种实学书籍,已启其端。奉派担任留学监督后,"又勤习洋语洋文"。[1]在弹劾他的奏章中,即使是不喜欢的人也承认李凤苞"略通西语"。[2]在《使德日记》有关与西使会面的记述中,可以看出李凤苞具有相当的独立外语口语能力。光绪七年八月李凤苞在荷兰向国王递交国书,仪式上他先后使用汉、德语致辞:

> "大清国使臣奉大皇帝国书,恭递大王亲览。伏念中国二百年前,已与贵国人贸易,迄今南洋群岛中国人与贵国人杂处者尚多。自立约以来,立谊日睦,我大皇帝甚为欣慰。今命使臣致书问好,以坚睦谊,愿两国人民安居乐业,永享升平。"读毕,又读德语一遍,因和文与德文大半相同也。[3]

初三日,荷兰王太子夫妇在王宫设宴款待新到任的大清公使。席间王妃"就凤苞问:'德语是否在中国学的?'"[4]当时太子妃前一天列席典礼,耳闻目睹李凤苞操德语致辞使用德语说话的观感。李凤苞使德八年,期间德语德文不断长进。奉派兼

---

[1]《李鸿章全集》,第32册,第399页,覆总署荐李凤苞为公使(光绪五年二月初四日)。
[2]《光绪朝实录》卷一百五十七;《李鸿章全集》第10册,第149—150页,查覆李凤苞被参各款折(光绪九年正月二十日)。
[3]《驻德使馆档案钞》,第97页。
[4]《驻德使馆档案钞》,第98页。

理驻奥地利公使后,他前往维也纳递交国书,致辞使用德语,"奥君屡鞠躬称谢,接捧国书,口答曰:'闻贵使在欧洲四五年,人所敬信,德语亦以娴习。'"隔日,奥国君主在熏伯路(Schönbrunn,亦译绚伯伦,今译美泉宫)设宴招待多国使者,李凤苞一行在列,"旋导入饭厅,令苞坐奥君右,巴西使坐奥君左,二翻译官与奥君对坐。奥君与苞谈各国天气,及俄国续约等事,具择浅近易晓者谈之"。[1] 外交场面寒暄,仍以使用宾主双方语言沟通更为亲切,主人善解人意,不拿严肃话题、复杂词汇为难客人,李凤苞对此心领神会,侧面也体现出他虽然德语是新学,但在一般外语交流上是有丰富的阅历的。

但是,在19世纪80年代,中朝的保守派对朝廷星使讲外语,是视为洪水猛兽、有失国体的,弹劾李凤苞的一个借口,便是他在外讲"夷语"。在与国内同道的通信中,李凤苞对此没有据理反驳,而是否认有其事,"恰为他人或有而弟独无之事"。[2] 殊堪对照的是,李凤苞的继任者、出使俄德奥和大臣洪钧(1839—1893),这位状元出身的兵部左侍郎,学问很大,三年使任上完成任务之余,仍勤于研究,来自这个时期的著述现在传世的有《其拉甫考》,是一篇关于长颈鹿的研究,更有不朽之作《元史译文证补》二十卷,使用波斯文、法文、英文撰述,摘引其中使用的域外史料,取与汉文史料相互补充,互证互校,这种研究方法开创了向外文资料求史源的先河,后来一直为学

---

[1] 《驻德使馆档案钞》,第90—91页。
[2] 《李凤苞往来书信》,第791页。

者所继承和发展,成为中国蒙元史研究的新潮流。[1]说他是近代中国学者中最具有国际视野的一人,当不为过。但是,这位内心并不封闭的学者型官员不爱与住在柏林的各国同人交往,随他任期三年在柏林的老外交官张德彝不禁纳闷:"到德两年,与星使往来者,各国公馆无一人。"(五/82,光绪十五年十二月三十日)只投刺,并不积极约见,回避往来。这恐怕与他不善于外语口语有关,毕竟国外的外交官同人都是会说几种语言的场面人,洪星使也知道,他的前任李凤苞年轻的时候就在江南制造局与洋员共事,"四会"是达到一定程度的,出使之后,又不断自修、练习。科举正途、翰林院出身的洪钧就只有藏拙了。

有关"大清的朋友圈"——清朝的邦交国,以往我们有《清季中外使领年表》,"年表"包含1875—1911年间中国派驻海外的公使和1877—1911年间外国派驻中国的公使、领事,这些人物当然是中外沟通交往的专职主力军。外交行业,古人称为纵横家,"纵横家者流,盖出于行人之官"(《汉书·艺文志·诸子略》),行人"掌朝觐聘问"(《周礼·秋官》),行人就是外派的使者加上在国内迎来送往的礼宾司。纵横这个词很有意思,现代的理解一般是就它在国际政治上的战略谋划含义,如通常研究著作里说,纵横家是九流中的 diplomatic school,纵横家们是 political strategists,其知识体系是一种 science of strategic

---

[1] 参见陈得芝《〈元史译文证补〉评介》,仓修良主编《中国史学名著评介》第三卷,济南:山东教育出版社,1990年,收入陈得芝《蒙元史与中华多元文化论集》,上海:上海古籍出版社,2013年,第303—309页。

diplomacy and statecraft，这大体都没有问题。

更细致一点说，纵横家是战国时期专以"纵横捭阖"之策游说诸侯，从事政治外交活动的谋士。"纵"与"横"的来历，据说是因南北称为纵，东西称为横，七国里秦国位于西方，六国位于其东。六国结盟抗秦为南北向的联合，故称"合纵"；六国分别与秦国结盟，为东西向的联合，故称"连横"。战国七雄的国家之间关系，不难古为今用纳入世界版图。如果说两国之间的双边关系是纵，大清与十八国有正式邦交关系（英国、俄国、法国、德国、奥斯马加即奥匈帝国、荷兰、比利时、意大利、葡萄牙、西班牙、美国、秘鲁、墨西哥、古巴、日本、朝鲜、巴西、巴拿马），则有十八条纵线，那么，十八位使节与他国出使这十八国的外交官开展联系，襄进大清利益，这一方向的工作就可以看作横。从横向的角度说，那些未曾受命使华的、但是因为某种原因进入中国外交事务记录的别国使节，不应受到低估和慢待。

1880年代后期德国的邦交国，据张德彝记载（光绪十四年十一月初一，五／203—204），头等国六个（A），二等国（B）二十六个，三等国（C）八个。现将所列四十个国名排表如下，打勾☑的国、邦，表示是李凤苞使节清单所包括者，其后的标号为上文使节名考述的排号：

1/A/1 　　英吉利 ☑ 1

2/A/2 　　法郎西（法国）☑ 2

3/A/3 义大里 ☑ 4

4/A/4 俄罗斯 ☑ 3

5/A/5 奥斯马加（奥匈帝国）☑ 27

6/A/6 土耳其 ☑ 5

7/B/1 中华

8/B/2 日本 ☑ 12

9/B/3 和兰（荷兰）☑ 15

10/B/4 丹麻（丹麦）☑ 10

11/B/5 葡萄牙 ☑ 17

12/B/6 比利时 ☑ 6

13/B/7 墨西哥 ☑ 25

14/B/8 阿真坦（阿根廷）

15/B/9 巴西 ☑ 9

16/B/10 智利

17/B/11 希腊 ☑ 11

18/B/12 波斯

19/B/13 克伦比亚[1]

20/B/14 多米尼亚（多米尼加）

21/B/15 瓜的玛拉（危地马拉）

22/B/16 鲁美呢亚（罗马尼亚）

23/B/17 瑞士 ☑ 20

---

1 "克伦比亚"不详何所指，下文出现"戈伦比亚"（哥伦比亚）。

24/B/18 秘鲁

25/B/19 西班牙 ☑ 18

26/B/20 海地

27/B/21 檀香（太平洋小岛）（夏威夷）☑ 28

28/B/22 阔斯达里戞（哥斯达黎加）☑ 26

29/B/23 萨拉瓦多尔（萨尔瓦多）

30/B/24 赛威亚（塞尔维亚）

31/B/25 南阿斐利加（南非）

32/B/26 暹罗

33/C/1 美利坚 ☑ 16

34/C/2 路森柏（卢森堡）☑ 29

35/C/3 乌拉怪（乌拉圭）

36/C/4 欢都拉斯（洪都拉斯）

37/C/5 戈伦比亚（哥伦比亚）

38/C/6 呢戞拉瓜（尼加拉瓜）

39/C/7 瑞典 ☑ 19

40/C/8 卫呢苏拉（委内瑞拉）

出现于李凤苞清单的国家、地区的二十一个使节都在这个表的范围之内。

另外德意志二十六邦，有十一邦派员驻扎帝都，公使级的有九个邦，使节八人，全数出现于李凤苞清单：

1. 巴登 ☑ 7

2. 黑森 ☑ 13

3. 巴伐利亚 ☑ 8

4. 不伦瑞克（卜伦隋）☑（与奥尔登堡共占一员）23

5. 萨克森 ☑ 21

6. 符腾堡 ☑ 22

7. 奥尔登堡 ☑（与不伦瑞克共占一员）23

8. 梅克伦堡和施特里茨 ☑ 14

9. 不来梅、汉堡、吕贝克 ☑ 24

综上可见，在李凤苞莅德之前，清朝已经有如下国家派驻的公使：法国（1860起，下同）、英国（1860）、俄国（1861）、美国（1861）德国暨普鲁士（1862）、葡萄牙（1864）、比利时（1866）、西班牙（1868）、意大利（1869）、丹麦（1870）、奥匈帝国（1871）、日本（1872）、荷兰（1872）和秘鲁（1875）。李凤苞在1878年整理的使节名单记录的是德国邦交国的情况，在实质上同时也是一份着眼于横向国际联络的备忘录，其中一部分成员当时已与清朝完成建交和双方换使、派驻，如英（1875）、西班牙（1875）、美（1875）、秘鲁（1875）、日（1876）、德（1877）、俄（1878）、法（1878）。那些尚未建交的正是扩大朋友圈的候选者。实际上，李凤苞早在上任之初就已经充分认识到，他的使命不应仅仅在德意志一国而已，"伏念德国为欧洲中土，叠主会盟，既可结信义以联络邻邦，又可考学问借资印证"[1]，对普法战争后陡然腾飞的欧洲新强国德国的外交枢纽意义洞若观火。

本文在考实三十位与大清同时驻扎德意志帝国的大使、公使、署使的名氏、生平之外，不意有一额外收获，那便是考出李凤苞在柏林曾经接谈过的夏威夷国青年代理公使、自称与容闳相识的达们，实际就是与孙中山早年在檀香山于教会学校读书时初识、后来从事革命过程中又屡屡由之获得资助、支持的芙兰谛文（Frank Williams Damon）。这桩佳话起自清季，延伸到民国，体现的是"大清的朋友圈"在易代之际在官方、民间之间的动态延续。

2020年4月于波恩大学纲维会馆完成初稿，

2021年春节修改于上海江湾源宝厚庐，

3月底改定于衡文公寓

（原刊《中国文化》第五十三期，2021年春季号）

---

1 《谢恩奏底》（光绪四年十月初九日），《驻德使馆档案钞》，第54页，"邻邦"讹作"邻封"。

陈垣先生《景教三威蒙度赞跋》书后

《景教三威蒙度赞跋》是陈垣先生的遗文，撰写于1917年，发表则在九十年之后，照片首见《陈垣先生遗墨》（岭南美术出版社，2006年），录文现收入《陈垣全集》第七册第十六种"杂著"类[1]。

前一本书《陈垣先生遗墨》收录新会援庵先生自1903年迄1966年墨迹都九十九种，由先生后人陈智超、曾庆瑛编辑、解题，岭南美术出版社以彩色图版出版。该书所在的"新广雅丛书"编辑颇具匠心，选择以史学二陈的手书真迹打头阵，本书与早一年面世的陈美延编《陈寅恪先生遗墨》一起，不特为赏爱名家手迹的读者带来了非同寻常的阅读之乐，更因两书颇收前此从未刊布的二陈手稿，为学术界提供了珍贵的一手学术史料，本文绎读的题跋便是其中之一。殷盼岭南美术出版社继续把这套丛书出下去，推出更多好选题。

---

[1] 见《陈垣全集》（合肥：安徽大学出版社，2009年），第875—876页。

《景教三威蒙度赞·尊经》陈垣题跋（一）

《景教三威蒙度赞跋》(《陈垣先生遗墨》第6—7页)，系写本，毛笔小楷，书于《石室秘宝》乙集该文折页的天头部分，末署"一九一七年二月"。《石室秘宝》题存古学会辑，实际编辑者是罗振玉，上海有正书局1911年出版，分甲、乙二集，收录敦煌出唐宋壁画、法书、四部书古抄及印本精品，是以图版形式出版敦煌资料的开山之作。

陈跋401字，辞简义赅，叙述得法，其精当可以比肩《四库全书总目提要》任何一条解题文字而稍无逊色。全文谨迻录如下：

右唐人手写《大秦景教赞》一卷，又《尊经》及《法王名号》、《诸经目录》并《案语》共一卷，出甘肃敦煌县东南三十里之鸣沙山石室中，为前清两江总督端方氏所得、上海存古学会用珂罗板印于《石室秘宝》乙集者。卷中译圣父为"阿罗诃"，译圣子为"弥施诃"，与《景教碑》同。《案语》言贞观九年（六三五年）阿罗本至中夏传经，宣译者为房玄龄，亦与《碑》同。末言"本教大德僧景某"，字残阙不可辨，疑即述《景教碑》之僧景净也。

瑜罕难法王疑即约翰，卢伽疑即路加，摩矩辞疑即马可，明泰疑即马太，牟世疑即摩西，多惠疑即大卫，宝路疑即保罗，此则《景教碑》所未曾有者也。

闻此种写经系西夏兵革时所藏，千百年来莫有知者。光绪庚子，壁破书见，始见流播人间。丁未冬，法人伯希

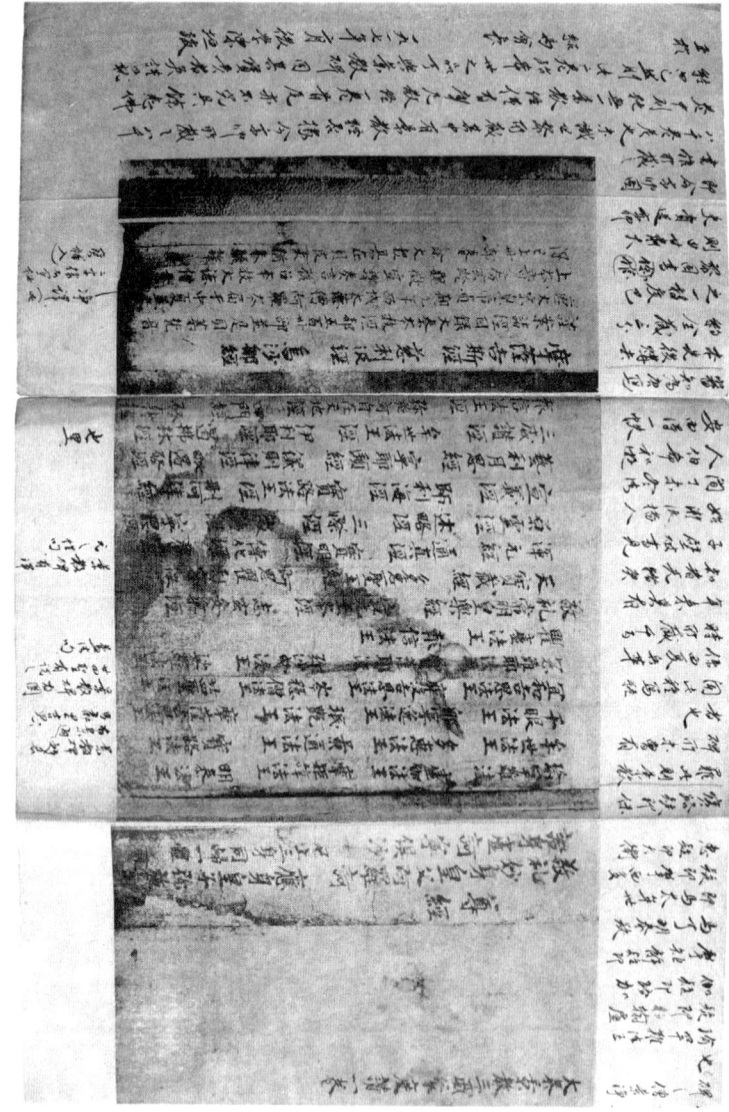

《景教三威蒙度讚·尊經》陳垣題跋（二）

和游安西，得一帙，审知为唐写本，先后购去约全藏三分之一，移度巴黎图书馆，余则由甘肃大吏赍送京师，即今京师图书馆所藏之八千卷是也。未识巴黎所藏其中有景教经否？据今京师所藏之八千卷中，则绝无一景教经，仅有摩尼教经一卷，首尾亦不完具，余悉佛经而已。然则此二卷殆希世之品，可与《景教碑》同其宝贵者矣。谨以就正于绍禹会长。 一九一七年二月后学陈垣跋。

遗墨复印件中，"圣父"、"圣子"等字眼处，使用敬空平阙的书式，可以看作陈垣当时虔信基督教的一个重要旁证。古代宗教写本，沙门有临文不必敬王者尊亲的规矩，但佛典写本、印本中偶尔也可见避讳写法，但如此隆重的留空转行做法可以说是罕见。全集本此处将录文连排，不免掩去作者本人的心意，将陈垣曾经信教的一个证据抹平。故特为拈出，或可为注意陈垣传记的读者谈助。

陈跋的正文之外，在写卷的地脚部分还有五条校记，其中三条涉及《三威赞》与《景教碑》词句相关之处，一条注记译音词在汉文史籍中可能的别译。一条有关照片中难辨的"大德僧景净译"。全集本略去未录。

跋文中的"绍禹会长"，遗墨解题无说明，其人目前无从考知。推想此人或是一位与基督教事务有关的长老人物。撰写这篇跋语的当年，陈垣发表了《元也里可温教考》，立即蜚声学界，一举奠定他在宗教史领域中的地位。或许圈内之人已经了解陈垣对耶教东传史事素有研究，值此敦煌写本面世之际，"绍禹会长"请他做一鉴定，亦有可能。这件题跋原件既然至今仍在陈家，说明陈垣有可能因为写卷的图版珍贵，需要保留以备时常查阅，故仅将录副清本送出。

跋文开篇说，这两卷景教写本是端方藏品。这里有两点误会：其一，《景教三威蒙度赞》属于巴黎伯希和敦煌藏品（今编号 P. 3847），并非端方所藏。藏经洞宝物为中国士流所知重，以 1908 年、1909 年伯希和的两次北京之行引起的震撼为契机。但其时大清气数已尽，民乱四起，身为重臣的端方南北奔波，最后 1911 年在保路运动中被杀，其间短短两年中，大概已无心赏玩法书丹青。端方平生固然富收藏，但敦煌遗书一项他所得不多。据考今知有两件：唐咸亨四年（673 年）长安弘文馆《金刚经》写卷、北宋开宝八年（975 年）《法华经普门品变相》绢画，端方去世后均流往海外，分别收藏于德国巴伐利亚国家图书馆、美国波士顿美术馆。[1]

其二，现藏巴黎国家图书馆的 P. 3847 是一个 105 公分长的写卷，前半 24 行，题"景教三威蒙度赞一卷"，后半 22 行，从写本行款形态看应系前文的附件，内容为"尊经"（18 行）及"谨案"的题记（4 行），仍应视作一卷而不是两卷。

伯希和进入藏经洞，已落在斯坦因之后，尚能拣选到大量

---

[1] 参荣新江：《敦煌学十八讲》（北京：北京大学出版社，2001 年），第 66—67 页。

重要卷子，包括《三威蒙度赞》这样的"世界宝籍"[1]，运气与眼力缺一不可。他于探险途中写就的《甘肃发现的一座中古图书馆》一文，已指出这卷写经作为景教佚书的价值[2]。1909年他携带部分精品到北京，向以京师大学堂教习为主体的士大夫们通报敦煌所得，这件景教经也在其中。其时，他劫自藏经洞的大宗宝物已经运往巴黎。这些伯希和自己是视之为铭心绝品的文物，罗振玉等人一一予以抄录。有关此事，恽毓鼎在日记里有详细的记载：当时京中嗜古之士"乃介一美利坚人见伯希和，因得假观，并用摄影付印"[3]。如此，《石室秘宝》所用照片也许是此次拍摄。同年罗氏排印《敦煌石室遗书》，这件景教经有罗氏题跋（唯误会景教与开封犹太人宗教为一事。罗氏传古心切，未暇一一细考，固情有可原）。

中国学者得见伯希和劫经的冰山一角，意犹未尽，合议醵资，请伯希和回法国后摄制文书的照片，寄来中国。"伯君书至，谓须影费三千元左右，则众皆观望不前。"伯希和此行来京前，曾先在南京拜会端方，并摄影匋斋所藏金石书画，伯希和还应邀为端方从柏林拓回的大凉沮渠安周碑题跋，两人交往甚相得。罗振玉遂转请端方襄助，端方又介绍张元济，希望款项

---

[1] 王国维语，见《王国维全集·书信》1919年9月30日致罗振玉信，北京：中华书局，1984年，296页。
[2] 原刊1908年《法兰西远东学院学报》，第8卷，1908年；陆翔译本题为《敦煌石室访书记》，《国立北平图书馆馆刊》第9卷5期，1935年；耿昇译文见《伯希和西域探险记》，昆明：云南人民出版社，2001年，第285—286页。
[3] 《澄斋日记》宣统元年八月二十一日，杭州：浙江古籍出版社，2004年，第453—454页。

由商务印书馆支付,仍然没有谈成。最后由罗振玉独力任之[1]。但是,端方似乎得到了伯希和敦煌照片,他曾在信中答允缪荃孙"燉煌影片当全数奉公料量"(前揭书,第616页)。端方手里掌握这批法藏敦煌珍宝的照片,大概一时间播于人口,三人成虎,就演义成端午桥藏敦煌石室珍宝的传说。加上《石室秘宝》无前言后记,陈垣遂据不确传闻生此误会。澄清此点,陈跋后文的问题"未知巴黎所藏其中有景教经否?"也就自然有答案了。

有关中国敦煌学的发源与伯希和的刺激这段史事,已经成为敦煌学"伤心史"的一个必要章节,最近的研究有孟宪实《伯希和、罗振玉与敦煌学之初始》[2]。

回到陈跋。从援庵先生几点考证可以见到,大家读书,虽短短札记,目光力透纸背。陈垣首先由已知的西安《大秦流行景教碑》入手,就《三威蒙度赞》与之相同之处确定新发现文献的内容属性。对《石室秘宝》照片中不清晰的景教僧名景某,他也根据景教碑加以拟补。其实写本原件景净二字清楚,陈垣的推断无误。

《尊经》一节胪举二十二个法王名号,陈跋勘定其中的七位:瑜罕难(约翰)、卢伽(路加)、摩矩辞(马可)、明泰(马太)、牟世(摩西)、多惠(大卫)、宝路(保罗),均属早期基督教译音专名,所说至确,唯限于题跋篇幅,未加详细论证。1927年陈垣应邀做《基督教入华史》的讲演,谈及"这类人名

---

1 《艺风堂友朋书札》,上海:上海古籍出版社,1981,第1010页。
2 《敦煌吐鲁番研究》第七卷,2004年,第1—12页。

大都可以证明"[1]，但未见有专论文字刊行。专治东传基督教的日本学者佐伯好郎在《景教の研究》（1935）、《支那基督教研究（一）》（1943）、*The Nestorian Documents and Relics in China*（1937/1951）中前后多次对此有专论，2001年侨居巴黎的东方学家吴其昱先生撰写《唐代景教之法王与尊经考》[2]，对全部法王名号做了穷原竟委的考证。在这七个名号的比对上，两位学者所得结论与陈垣先生的勘定完全一致。须知他们两位都无从知道1917年写就、2006年方才公布的陈垣题跋已有考证，但无妨殊途同归，说明学术研究只要方法科学，必然达到同样的正确结论。

据神田喜一郎报道，1909年夏伯希和访京之后，罗振玉很快就将信息和照片传往东瀛。京都文科大学的学者得到资料后，迅即展开研究，在当年十一月底举行的报告会上，担当《三威蒙度赞》解说的是精熟东西交通史的桑原骘藏。[3] 查桑原著述目录没有这样的篇目[4]，但是，在两篇有关景教的论文里，桑原对《三威赞》有所提及。[5] 所以，陈垣这篇题跋属于景教研究早期成果中不多见的篇什，值得珍视。

景教史料近年有新的发现。2006年洛阳出土一件唐大和三

---

1 《陈垣学术论文集》第一集，北京：中华书局，1980年，第98页。
2 《敦煌吐鲁番研究》第五卷，北京：北京大学出版社，2000年，第15—31页。
3 《敦煌学五十年》，第12页。
4 《桑原骘藏全集》第五卷，岩波书店，1968年，第551—561页。
5 《大秦流行景教碑に就いて》，1910年；《佐伯君の The Nestorian Monument in China》，1917年。

年（829年）景教经幢，不仅印证了敦煌出写本《大秦景教宣元至本经》，其长篇幢记更提供迄今不为人知的流寓中原的粟特景教僧俗信徒家族的史实。该件现已刊布于葛承雍先生主编之专书《景教遗珍》（北京：文物出版社，2009年）。另一个好消息来自东瀛。传说出自敦煌的几部景教经典，上世纪前半先后转卖到日本，或真伪难辨，或下落不明，令学者困惑遗憾久之。现在藏家之一日本武田科学振兴财团所属杏雨书屋终于决定打开几十年的李盛铎旧藏，提供学者研究，目前已经出版了解题目录，并陆续推出所有文献的多卷图版本《敦煌秘籍：杏雨书屋藏影片册》。借此珍贵素材，海内外景教研究当可开一生面。

（原刊《东方早报·上海书评》2011年9月18日）

陈寅恪的"语藏"

——跋《陈寅恪致傅斯年论国文试题书》[1]

陈寅恪1930年代为清华大学入学考试国文类命题，曾因所谓对子试题引起一时轩然大波，他本人的自我辩护词作为致清华国文系主任刘文典的信久已闻名于世。近年傅斯年遗稿的整理者在史语所档案中发现相似内容的信件，已经公布，并得到很好的研究。本文将此公案置于近现代教育史的范围加以考察，冀以揭橥陈寅恪貌似保守、怪僻的中国语文观深层潜藏的人文主义教育理想的背景。对该件书信的文字校读表明，迄今为止的诸版本尚有可商之处，就中对借自摩尼教的术语"语藏"一词正解的求得，将有助于认识陈寅恪早年对国际东方学新材料和研究新动向的了解。本文附录胪举陈氏著作中出现的一些外译汉现象，借此展开对陈氏特定术语的探讨。

---

[1] 本文写作中因友人黄新新小姐介绍，得到傅斯年档案的整理者王汎森博士惠赐的在欧洲难于找到的台湾报刊资料。对此笔者深表感谢。

一

台北"中央研究院"历史语言研究所藏所档元字 4 号之 24 是陈寅恪（1890—1969）致傅斯年（字孟真，1895—1950）的信，即本文所称《陈寅恪致傅斯年论国文试题书》，全文如下：

孟真兄：

尊示敬悉。清华对子问题乃 弟最有深意之处，因考国文不能不考文法，而中国文法在藏缅语系比较研究未发展前，不能不就与中国语言特点最有关之对子以代替文法，盖藉此可以知声韵平仄、语辞单复、词藏（vocabulary）贫富，为国文程度测验最简之法。平仄譬诸英文 accent。动、名词之区别，英文亦必须通而后可考取。以英文必须知文法，而国文岂遂可以不知乎？若马眉叔之谬种尚在中国文法界有势力，正须摧陷廓清，代以藏缅比较之学。中国对子与中国语法特点最有关。盖所谓文法者，即就其语言之特点归纳一通则之谓。今印欧系格义式《马氏文通》之文法既不能用，舍与中国语特点最有关之对子而更用何最简之法以测验学生国文文法乎？以 公当知此意，其余之人皆 弟所不屑与之言比较语言文法学者，故亦暂不谈也。此说甚长，弟拟清华开学时演说。其词别载于报纸。总之，今之议论我者，皆痴人说梦、不学无术之徒，未曾梦见世界上有藏缅语系比较文法学及印欧系文法不能适用于中国语言者。因彼等不知有此种语言统系存在及西洋文法亦有遗传习惯不合于论理，非中国文法所应取法者也。弟意本欲藉此以说明此意于中国学界，使人略明中国语言地位，将《马氏文通》之谬说一扫而改良中学之课程。明年清华若仍由弟出试题，则不但仍出对子，且只出对子一种，盖即以对子作国文文法测验也。匆叩

  暑安

          弟　寅　　八月十七日

  这封信为陈寅恪墨笔手书，直行行草，两页共二十八行，行二十五字左右。首页用"国立清华大学"信笺，台头三行的最上一行为中文，下面两行作英文 Tsing Hua University / Peping, China。次页续以素笺。[1] 文中钩乙涂改多处。"格义"二字右侧划有竖线。现知最早由王汎森将其作为傅斯年往还书信中陈寅恪部分予以整理、公布，首先于 1995 年 12 月在《联合报》连

1　清华大学同时还有另外一种笺纸"北平国立清华大学 / Tsing Hua University / Peping, China"，汉字用仿宋体，藏蓝油墨套印，见于清华德籍女教师格莱瓦斯女士（Dr. Margot Grzywacy）为参加绥化—迪化汽车远征申请许可事致德国驻北平领事馆信，现藏德国柏林联邦档案馆（Bundesarchiv）对华关系档全宗 R 9208/3254, no. 50。《古今论衡》1（1998），第 24—25 页所示傅斯年使用的史语所信笺西文台头用法文译名 Institut National de Chine, Institut historique et philologique，可知当时中央研究院还未采用拉丁文译名 Academia Sinica，史语所的译名也跟三十年代使用的 The National Research Institute of History and Philology 不同，参《唐五代西北方音》（上海：中国科学公司，国立中央研究院历史语言研究所单刊甲种之十二）的封底英文标题。

载，题为《傅斯年往来书信选：陈寅恪部分》。[1] 王先生接续于1997年在期刊上公布《陈寅恪的未刊往来书信》。[2] 稍后杜正胜的"无中生有的事业——傅斯年的史学革命与史语所的创立"一文大段引用了此信，收入史语所1998年编辑、出版的《新学术之路——中央研究院历史语言研究所七十周年纪念文集》[3]。同文重刊于史语所的《古今论衡》创刊号，同时页24刊出原件的黑白图版。这也是本文开首录文的依据。此后2001年由陈氏后人哀辑整理、北京三联书店出版的《陈寅恪集·书信集》也收录了这封信的全文[4]，录文有局部的调整[5]。

上揭杜先生的文章，没有清录全信，其摘引的部分似以说明陈、傅学术上之声应气求为宗旨。其时，陈寅恪除了执教清华之外，还兼摄历史语言研究所历史组务，所以，在"对对子"事件一时满城风雨之际，身为该所所长的傅斯年，他之关心此事恐已不再仅仅出于私谊。就已引录的部分看，此信的内容已足资研读。可喜杜先生公布了缩印的原件照片，文字大体清晰可读，因就誊正标读如上。原信系知交尺牍，一挥而就，不清

---

[1] 王汎森《傅斯年往来书信选：陈寅恪部分》，《联合报》1995年12月连载。
[2] 王汎森《陈寅恪的未刊往来书信》，《当代》123（1997），第64—68页；王汎森《陈寅恪的未刊往来书信》，《当代》124（1997），第52—61页。
[3] 杜正胜《无中生有的志业——傅斯年的史学革命与史语所的创立》，《新学术之路——中央研究院历史语言研究所七十周年纪念文集》，上册，第1—41页，台北：史语所出版，1998年。又刊于《古今论衡》1（1998），第4—29页。
[4] 陈美延编《陈寅恪集·书信集》，北京：生活·读书·新知三联书店，2001年，第42—43页。
[5] 同上书，页43。该书第17页编者按语及页288编者后记说，台湾的"中央研究院"历史语言研究所王汎森先生提供了集中所收陈寅恪致傅斯年大部分书信原函的复印件和部分打印件。

抄即付邮。诚如王汎森先生所言,陈寅恪手书行草每不易辨识,对读氏著《唐代政治史述论稿》与其稿本《唐代政治史略稿手写本》[1],可知困难程度。笔者对照杜先生文章附载的原档照片与王、杜、《书信集》三种录文,受教之余,为便于讨论,不揣谫陋,冒昧提出一己的读法。因无缘接触原件,误解、失当处,请王先生、杜先生和《陈寅恪集·书信集》编辑整理者及通人教正为幸。[2]

二

《陈寅恪致傅斯年论国文试题书》(以下简称《致傅》)信末仅署月日,未写年份。作为最初整理者,王先生公布该信时,将其写作日期定为一九三三年一月十七日[王汎森1997b,页58]。杜先生把清华国文试题对子风波放在民国二十一年,并根据信末问候语的"暑安"字眼,把王先生录文中的"一月"改为"七月"。《陈寅恪集·书信集》编者现将此文系于一九三二年,作"(一九三二年)八月十七日"[3]。陈氏信中所言"此说甚长……其词别载于报纸"的回应文章,盖指其《与刘叔雅(名文典,1889—1958)教授论国文试题书》(以下简称《与刘》),

---

1 陈寅恪:《唐代政治史略稿手写本》,上海:上海古籍出版社,1988年。
2 与照片对读,杜先生的录文似有文字刊落:"弟"、"有"、"用"。另页二十五所引元字4号之四"昨前两日连发函电,谅先达贤",最后一字或系"览"字误植。
3 并附说明:"此函王汎森作'一九三三年一月十七日',以手迹复印件核为'八月',据信函内容当为一九三二年八月十七日"。

曾分别刊载于三家报刊[1]：

《青鹤杂志》一卷三期，民国二十一年十二月。[2]
《学衡》杂志七十九期。
天津《大公报·文学副刊》，民国二十年七月某日。

在此已有两个年份：民国二十年（一九三一年），民国二十一年（一九三二年）。《与刘叔雅教授论国文试题书》今收入《金明馆丛稿二编》[3]，尾注："一九三三年七月，原载学衡第柒玖期转录自天津大公报文学副刊"，这是第三种说法。蒋天枢（1903—1988）撰《陈寅恪先生编年事辑》"论著编年目录"系此文于一九三二年。[4]据蒋天枢的《陈寅恪先生传》，民国二十一年夏，陈氏就此风波在《清华暑期周刊》第六期上发表《答记者问》。[5]揆诸常理，《大公报》作为报纸应注重时效，发表稿件一般及时，所以其日期"民国二十年七月　日"（引者按："月"、"日"两字间空格，原文如此）应在事件发生之后不久。《书信集》第

1　蒋天枢：《陈寅恪先生编年事辑》，上海：上海古籍出版社，1989年，第182页；1997增订本，第195页。
2　《青鹤》未见。陈智超编注的《陈垣往来书信集》（上海：上海古籍出版社，1990年，第260页）收录以"谭家菜"而名重北平士林的谭祖任致陈垣的信："《青鹤杂志》阅毕乞掷出，倘荷鼎力推销数份，尤感激也。"信末署"廿七"，年月不详。
3　《金明馆丛稿二编》，上海：上海古籍出版社，1980年，第221—227页。
4　《陈寅恪先生编年事辑》，1989年，第182页；1997增订本，第195页。
5　重刊于《陈寅恪集·讲义及杂稿》，北京：生活·读书·新知三联书店，第447—449页，题为《"对对子"意义——陈寅恪教授发表谈话》，文末括署"原载民国二十一年八月十七日清华暑期周刊第陆期"。

165页《与刘》编者尾注"首刊于一九三二年九月五日天津大公报文学副刊",当是事实的刊发日期。《致傅》尾署可补足为"[一九三一年]八月十七日"。但是清华演讲是陈氏决定开学即作的,所以《清华暑期周刊》的《答记者问》也应属连带举措,如果蒋天枢所言有据,则一九三二年为清华对子事件发生之年。相对而言,《学衡》刊发此信的时间可能已是稍后。总之,一九三一年、一九三二年、一九三三年三说均来自陈氏著作整理者蒋天枢。孰是孰非,难以臆定。三联书店版《陈寅恪集·书信集》、《陈寅恪集·讲义及杂稿》均主民国二十一年说,首尾一贯。看来这个年份问题最终需以一手史料解决。

藏于台北史语所的《陈寅恪致傅斯年论国文试题书》可与20世纪30年代广为流传的《与刘叔雅教授论国文试题书》对读互勘,内容大体一致,公开发表的《与刘》较《致傅》为长且富于细节。《致傅》一通,落笔匆匆,说法尚在斟酌推敲之中,个别语句前后失照,有些长句子,几难一气念完。相形之下,陈氏本人经手公开发表的《与刘》一通则远为流畅、明了,应是成稿。但是,《致傅》一通也有佳胜之处,为《与刘》所不及,请详下文第五节两者间一处异文的比较。

三

以大学教授而关心中等教育的内容、水准以为进入大学专精教育阶梯这一点,在20世纪初的德国教育界呼声不断。古典希腊研究的名家如柏林大学教授维拉默维茨-穆麟道夫（Ulrich von Wilamowitz-Moellendorff，1848—1931）[1]，即有感于当时教育界中日趋明显的厚今薄古倾向而忧心忡忡，以其声望之隆多次发表公开的演说[2]，呼吁挽救古典学科，并从事过基础教材读物的编纂工作。他的两卷本《希腊文读本》贯注了人文主义的教育理想，自 1902 年初版至 1929 年去世前两年共印行十二次，影响深远，至今仍时有重印。[3] 即使依照当时的标准，这套书的分量远远超过入门课本，如其前言申明，

　　前提是中学四年完整用好，已念过荷马、悲剧、《新

1　关于维拉默维茨-穆麟道夫的成就，可以参照古齐（G. P. Gooch，1873—1968）的评价："在活着的学者中，没有人对希腊文明所提供的知识像维拉默维茨那样多。他关于荷马和欧里庇得斯的专论阐明了文学和宗教的历史。他的巨著《亚里斯多德与雅典》是根据《政治学》再现了雅典的国家制度。他的无数专著和演讲还阐明了希腊生活的各个方面。研究者以迈耶（Eduard Meyer，1855—1930）和维拉默维茨为向导，是不会走入迷途的。"古齐《十九世纪历史学与历史学家》(*History and Historians in the Nineteenth Century*, 1913)，北京：商务印书馆，第 747—748 页。
2　"Der griechische Unterricht auf dem Gymnasium"（文科中学的希腊语课程），初刊：*Verhandlungen über Fragen des höheren Unterrichts. Berlin 6. bis 8. Juni 1900. Nebst einem Anhang von Gutachten hrsg. im Auftrag des Ministers der geistlichen, Unterrichts- und Medizinal-Angelegenheiten*（《有关高中大学课程问题的谈判记录以及一个应宗教、教育与医疗事务部之请提供的专家评议附件》），Halle，1901，pp. 205-217；重印于：U. von Wilamowitz-Moellendorff, *Kleine Schriften*（《文集》）Band VI. Berlin: Akademie Verlag，1972, pp. 77-89，其中第 85—86 页谈及他的"读本"。并参同氏发表于 1902 年的 "Der Unterricht im Griechischen"（《希腊语课程》），U. von Wilamowitz-Moellendorff, *Kleine Schriften*, Band VI. Berlin: Akademie Verlag，1972, pp. 90-114。
3　U. von Wilamowitz-Moellendorff, *Griechisches Lesebuch*（《希腊文读本》）. Berlin: Weidmannsche Verlagsbuchhandlung。关于该书产生的背景可以参看：U. von Wilamowitz-Moellendorff, *Erinnerungen 1848-1914*（《回想录：1848—1914》）. Leipzig: Verlag v. K.F. Koehler, pp. 251-253。

约》以及一点点柏拉图写的大块一点的东西。[1]

稍晚一辈的德国史料学大家费利克斯·雅柯比（Felix Jacoby, 1876—1959）[2]于1925年在莱比锡向大、中学古代希腊拉丁语教员发表讲演，指出当时大学的文史专业的入学新生已不具备应有的古典语言基础以保障正常的教学进度与质量，竟至需要侵占基础课的授课时间补习中学课程。很多大学相继降低标准，如古典语文学的博士论文已不硬性规定必须用拉丁文写作。当此危机之际，他向同行呼吁，亟思补救中学阶段以拯救大学教育之策。[3]陈寅恪出身于清季开明的文化保守主义背景，本人虽未受近代形式的常规学校教育，先就读家塾，十二岁即随长兄陈师曾（名衡恪，1876—1923）留学日本，十七岁起附读上海复旦公学三年，此后辗转留学欧美逾十载，转益多师，不求功名。以这样的知识背景接触文艺复兴以来的人文主义提倡的通才教育理想，兼之他就读多年的柏林大学昔日为古典语文、史料纂辑考证学的重镇，曾在此学习过希腊及其他古代东方语文，

---

1 此据1913年第七版 Vorrede（《弁言》），第 III 页。
2 雅柯比自1906年起任基尔大学（Universität Kiel）教授，后因纳粹专制迫害移居英国，任教于牛津大学，直至1956年退休。他穷毕生精力于古代史料研究，多卷本辑佚著作 Die Fragmente der griechischen Historiker（《希腊史家残篇》）即1923年由他草创，并独力完成了856位古代作者的纂集工作，身后由他人继续分类进行，由荷兰莱顿的布雷尔（Brill）书局出版，迄今总卷数已逾二十。
3 Felix Jacoby, "Die Universitätsausbildung der klassischen Philologen"（"小学家应具备之大学训练"），发表于莱比锡古典语文教员1925年度联谊会，后收入：Felix Jacoby, Kleine philologische Schriften（《小学集》）II. Berlin: Akademie Verlag, 1961, pp. 301-326。

对老大师的实践必有共鸣。此题关乎蔡元培（字鹤卿，号子民，1868—1940）、傅斯年、陈寅恪的中研院与史语所基本模式构想，牵涉已广，容后于他文详述。要言之，陈寅恪之身体力行、致力于社会教育、希望影响基础教育的试验，不是一时文人兴会之举，而是出于深思熟虑，有其背景与远因。其理论与实践以清华试题肇始，可惜未几内乱外患踵至，这种以百年树人为宗旨的教育试验显然不合时宜，陈氏许诺的对子试题似亦就此结束。

把对对子看作考查汉语文修养的好办法，是陈寅恪的惊人之论。当时他出的题目分两部分，其一为作文，题为《梦游清华园记》，其二为对对子，一年级考生选作"孙行者"、"少小离家老大回"其一，二、三年级转学生作"莫等闲白了少年头"，曾引起纷纷议论，也很有指责抨击其为怪诞复古者。致清华大学国文系主任刘文典（也就是委托他拟试题的主事者）的这一封公开信，因此不仅是陈氏的辩护词，同时也是代表他对中国语文的总体看法的一篇重要文字，字里行间透露他对印度、近东古代语文及拉丁文所下的功夫，虽然仅为示例，三言两语，已可窥豹一斑，弥足珍贵。一封信而登载于三处，足见当时学界关心者之众，也足征作者自信之坚。陈氏晚年著作中还两次重提这桩旧事，如1954年完稿的《论再生缘》中纵论中国文学的特点乃导源于汉语的特点，"中国之文学与其他世界诸国文学，不同之处甚多，其最特异之点，则为骈词俪语与音韵平仄之配合",而不再提及汉藏语系的历史比较语言学。[1]1965年5月衰年手订文集时,陈氏为其致刘叔雅(文典)的信加上五百余字的《附记》,特地自作注脚,举苏轼诗句"前生恐是卢行者,后学过呼韩退之"及其见于《战国策·齐策》、《史记·范雎传》中犬名"韩卢"的出典,道破谜底,申论何以"胡适之"是"孙行者"的的对[2],颇承江西派无一字无来历的家法。三十多年,本已时过境迁,陈氏独对这件往事终于不能忘怀,忠于信仰,一以贯之。

陈寅恪在清华国学研究院及史语所的两届同事、考古学家李济(字济之,1896—1979)1953年为卫子方主编的《科学方法与精神》文集撰文《关于在中国如何推进科学思想的几个问题》,检讨旧式教育的办法,认为学子

> 从写八股到对对子,沉浸在巧妙工仗对联中的心灵,不易接受逻辑思维。使用由对联塑定其结构和性能的文字,对推进科学思想会产生许多不便。现代科学思想不迷信文字威灵,注重官觉与外部的实物接触,文字始终是工具。[3]

李济秉承英美经验论的教育观点,视语言为作为交流手段的符号系统,而非有独立本体地位的学习对象,是五四"新文

---

[1] 《寒柳堂集》,上海:上海古籍出版社,1980年,第64—65页。
[2] 《金明馆丛稿二编》,上海:上海古籍出版社,1980年,第227—228页。
[3] 李光谟:《李济先生学行纪略》,《学术集林》第10卷,上海:上海远东出版社,1997年,第69—70页。

化运动"的成说，立论基础与大陆派的古典理想不同，语锋所向显系陈寅恪一派的语文观。

同为史语所同事，语言学家罗常培（1899—1958）在谈到汉语言文字的特点时，着眼于汉语言文字本体，而不拘牵语言教育的问题，他说骈文与律诗

> 虽或襞积细微，多所拘牵，而准声署字，修短揆均，字必单音，所施斯适。纵有疵瑕可摘，亦实中邦所独具也。[1]

承认骈对成文未必是优点，但终究是汉语文的特点。这基本上是陈寅恪理论的一种温和化表述。他的同道汉学家方志浵（1910—1995），深研中西古诗文，曾与意象派诗人庞德（Ezra Pound，1885—1972）往还唱和，对后者的汉风诗创作当发生过影响。方氏娴于译事，曾迻译注释《资治通鉴》的部分篇章，据说身后尚遗有陈垣《史讳举例》译稿待刊。在其《论译事之难》中开宗明义申论，骈比对偶（parallelism）为中土思维之定式，由来也久，渊源有自。[2] 两位论者既有国学根柢、又具深广语言学修养，所见与陈寅恪略同，也是势所必至。

---

[1] 罗常培：《汉语音韵学导论》，北京：中华书局，1956年，第23页。
[2] A. Fang（方志浵），"Some Reflections on the Difficulty of Translation."（《论翻译之难》）In Arthur F. Wright (ed.), *Studies in Chinese Thought*（《中国思想探研》）. Chicago-London: The University of Chicago Press. 又收入 *Memoir of the American Anthropological Association*（《美国人类学会纪要》），No.75, 21953, 63-285。再刊为 "The Difficulty of Translation."（《翻译之难》）In: Reuben A.Brower (ed.), *On Translation*（《论翻译》），Cambridge (Mass.): Harvard University Press, 1959, pp. 111–133, 121。

信中称《马氏文通》为"谬种",乃借用新文化运动讥讽清末古文派殿军马其昶(字通伯,1855—1930)为"桐城谬种"的"今典"(陈寅恪术语,参看本文附录),以彼马与《文通》作者马建忠(字眉叔,1845—1900)同姓,故有此谑称[1]。实则后者是江苏丹徒人,通洋务,精研西洋语文,有文名,但未闻其皈宗于桐城派。撇开谑弄不论,揣摩陈氏的见解,《马氏文通》以一部不称职的语法书而能风行南北,主导现代中国语言研究数十年,可以说是谬种流传了。《马氏文通》套用西洋语言理论,与其说是汉语语法,毋宁说是"拉丁文法汉证"[2],原因是常常迫使中国的语言实践削足适履,以迁就西文现成理论。为此马建忠直到晚近仍受到批评,认为他的《文通》是"泰西葛郎玛(拉丁、法语语法)的仿制品……,提出了好些问题,也圆满地解决了不少问题。他们也确实有点短处:把外国话里的一些框框生搬过来硬往汉语上套"。[3]《文通》学与其蓝本的问题如今仍然是语言学界乐于讨论的一个课题。[4]

---

1 类似詈辞尚见于罗振玉(字叔蕴,一字叔言,1866—1940)和王国维(字静安,一字伯隅,1877—1927)的通信,如1917年称缪荃孙(字筱珊,1844—1919)"谬种"。详见:《罗振玉王国维往来书信》,王庆祥、肖文立校注,罗继祖审订,长春市政协文史和学习委员会编,北京:东方出版社,2000年,第287页第365通,第406页第524通,第345页第444通("缪论");又见:吴泽主编,刘寅生、袁英光合编《王国维全集·书信》。北京:中华书局,1984年,第207—208页,第212—213页。
2 罗常培:《语言与文化》,北京:语文出版社,1989年,第97页。
3 俞敏(字叔迟,1916—1995)1984年初次发表的论文《等韵溯源》,现收入《俞敏语言学论文集》,北京:商务印书馆,1999年,第261页。
4 A. Peyraube, A.(贝罗贝),"Some Reflections on the Sources of the *Mashi Wentong*(《马氏文通来历考》)." In: *New Terms for New Ideas: Western Knowledge and Lexical Change in Late Imperial China*(《新词表新思:清末西学与词汇变迁》). Leiden: Brill, 2001, pp. 341-355.

四

《致傅》内容上有几处疑难，在此对照《与刘》并试为解说如次。《致傅》云：

> 平仄譬诸英文 accent。

《与刘》中相应段落云：

> 对子可以测验应试者，能否分别平仄声。……今日学校教学英文，亦须讲究其声调之高下。

《与刘》这一段文字很长，主旨是提倡应该在高中讲授基本的平仄等诗律学知识。《致傅》甚简短，仅说平仄近似于英文中的 accent。《致傅》又云：

> 动名词之区别，英文亦必须通而后可考取。以英文必须知文法而国文遂可以不知乎？

《与刘》云：

> 对子可以测验应试者，能否知分别虚实字及其应用。此理易解，不待多言。所不解者，清华考试英文，有不能

分别动词名词者，必不录取，而国文则可不论。

《致傅》的"动名词"在现代语言学术语系统里看是有歧义的，它可以指称语法术语 gerundium，再加上紧接在"平仄譬诸英文 accent"之后，原信无句读，初读不能得要领。《与刘》加了一个"词"字，让"动词名词"分开骈列，则意思明确，一目了然。

五

有一处异文，值得一说。句读上各家已有歧异。《与刘》云：

> 对子可以测验应试者能否知分别虚实字及其应用。……能否分别平仄声。……对子可以测验读书之多少及语藏之贫富。……对子可以测验思想条理。[1]

第二句见于《致傅》王本云：

> 盖藉此可以知声韵、平仄、语辞、单复词（vocabulary）藏贫富。

《致傅》杜本云：

---

[1] 《金明馆丛稿二编》，上海：上海古籍出版社，第224—226页。

> 盖藉此可以知声韵、平仄、语辞单复词（vocabulary）藏贫富。

《致傅》、《书信集》本云：

> 盖藉此可以知声韵、平仄、语辞、单复词（vocabulary）藏贫富。

陈氏在《致傅》手稿中"词藏"两字旁边补充夹行标注英文词"vocabulary"，所占空间大小正好相当。书信的整理者将这个英文词括入文中，插在"词"、"藏"二字之间。如此，"声韵、平仄、语辞、单复词"并列，读法虽勉强可通，但是问题暴露在接下来的"藏贫富"上，不成词句，表明句读不对，应从头调整。其实，与早先发表的《与刘》版本对读一下便一目了然，"读书之多少"与"语藏之贫富"既然对文，"词"、"藏"二字也就不能分读。私见以为，现有诸家对整个句子的点法大体可通，略嫌细碎，所以本文开头的录文斟酌调整为"声韵平仄、语辞单复、词藏贫富"。尤其是"词"、"藏"分开，致使陈氏自注的"vocabulary"莫名其妙，因很难想象陈寅恪有必要用外文为傅斯年讲解这个"词"。

"词藏"原本用为复合词，还有一条陈寅恪本人提供的证据，即他1932年向《清华暑期周刊》发表的谈话记录说：

出对子之目的，简言之即测验考生（1）词类之分辨：如虚字对虚字，动词对动词，称谓对称谓，代名词形容词对代名词形容词等，（2）四声之了解：如平仄相对求其和谐，（3）生字（vocabulary 大小）[1]及读书多少：如对成语，须读书（诗词古文）多，随手掇拾，俱成妙对，此实考生国学根底及读书多少之最良试探法，（4）思想如何：妙对巧对不惟字面上平仄虚实尽对，"意思"亦要对工，且上下联之意要"对"而不同，不同而能合，即辩证法之"一正、一反、一合"。例如后工字厅门旁对联之末有"都非凡境"，"洵是仙居"字面对得甚工，而意思重复，前后一致，且对而不反，亦无所谓合，尚不足称为妙对。如能上下两联并非同一意思，而能合成起一文理，方可见脑筋灵活，思想高明。[2]

以英语词 vocabulary 注"生字"，对照前引《致傅》"词藏（vocabulary）"，可见在陈氏本人正是将"词藏"用作"生字"（词汇）的同义词，语义上似乎受到德语词 Wortschatz 的暗示。

"语藏"、"词藏"两个词都不经见。知者"语藏"出自敦煌写本《摩尼教经》残篇[3]，原句作"于语藏中加被智惠"[4]，沙畹与

---

[1] 句读应作"生字（vocabulary）大小"。
[2] 《陈寅恪集·讲义及杂稿》，北京：生活·读书·新知三联书店，第447—448页。
[3] 旧称"波斯教残经"，北京图书馆藏敦煌写本旧编号宇56号，新编号BD00256。
[4] 陈垣：《摩尼教入中国考》，《国学季刊》第一卷第2号，1923年。校订本刊于《陈垣学术论文集》第一集，北京：中华书局，1980年，第329—397页，本句在第378页第12行；《大正藏》2141B，1282a28。

伯希和合撰《摩尼教入中国考》译为 trésor de [leurs] paroles，并加以讨论[1]。似乎因为这个出现在摩尼教写本中的"语藏"是文献学上讲的孤例（hapax legomenon），两位学者十分审慎，采取直译法。[2] 冯承钧的中文译本《摩尼教入中国考》[3]因是节译，这个句子及其脚注可惜没给留下。

说明"语藏"、"词藏"是一个复合词、应该作一气读的另一个依据，是它的中亚语言祖型。这个有点怪异的汉语词汇的来历经宗德曼（W. Sundermann）先生《惠明经——一部东方摩尼教教义。帕提亚语与粟特语写本校理译注》揭明，其帕提亚语形式是 saxwan tanbār（行 41a），粟特语的对应形式是 w'xšy tnp'r（行 41b），德语释义为 Wortleib, Schatz der Worte，直译的意思是"词腹"、"词语的宝藏"。[4] 笔者有幸就此问题请益于宗德曼先生，承教示，这个词有可能译自阿拉美语（古叙利亚语）的 gwšm' [gušmā]，意为"人的躯体"、"全体"或"整体"、"总

1　Ed. Chavannes & P. Pelliot, "Un traité manichéen retrouvé en Chine（中国出土的一件摩尼教经典）." *Journal Asiatique*（《亚细亚学报》），1911, pp. 499-617, esp. 542 n.1.
2　施寒微的汉文摩尼教经典德文译本 H. Schmidt-Glintzer, *Chinesische Manichaica. Mit textkritischen Anmerkungen und einem Glossar*（Studies in Oriental Religions, 14）(《汉文摩尼教文献——附校勘、索引》，《东方宗教论丛》第 14 种）. Wiesbaden: Harrassowitz, 1987, 83 T.82a28, 也采用相同的直译法 Schatz der Worte。
3　收入冯承钧《西域南海史地考证译丛八编》，北京：中华书局，1958 年，第 43—104 页。作者题为"伯希和、沙畹"，师徒颠倒，非原刊署名顺序。
4　Werner Sundermann, *Der Sermon vom Licht-Nous. Eine Lehrschrift des östlichen Manichäismus. Edition der parthischen und soghdischen Version*（Berliner Turfantexte, XVII）. Berlin: Akademie Verlag, 1992, pp. 68-69, p. 108, 41a.

汇"、"集成"，意思非常接近于拉丁文的 corpus[1]。宗德曼在上引书中又进一步引申说，《惠明经》中的"语藏"这个术语"指代的是整个摩尼教教义文献"。[2] 可见这一术语在摩尼教经典的主要中亚语言文本中据有相当重要的地位。[3]

据摩尼教史原始史料科普特文本《师尊篇章》（Kephalaia）第 148 章关于摩尼本人著作的记述，在公元 242/243 年至 245/246 年之间进行的早期西方传教活动之时，使徒所携为《活的福音》、

---

1 参 Carl Brockelmann, *Lexicon Syriacum*（《古叙利亚语词典》）, Halis Saxonum: Max Niemeyer, 1928, 136b 词条 corpus librorum（语汇）。
2 Sundermann, *Der Sermon vom Licht-Nous,* pp. 68-69；并 参 Mary Boyce, *A Word-List of Manichaean Middle Persian and Parthian*（《中古波斯语和帕提亚语摩尼教语汇》）(Acta Iranica, 9a). Leiden/Téhéran/Liège: Brill, 1977, 词条 sxwn 也认为这个词用为摩尼教术语，义为"道，即摩尼的福音（the Word, i.e. the Man. gospel）"。类似的表达法还有 sxwn zyndg，见于柏林藏吐鲁番摩尼教文书 M 36 背面行 11，详见 F. C. Andreas & W. B. Henning, *Mitteliranische Manichaica*（《中古伊朗语摩尼教文献》）II. *SPAW* 1933, pp. 292–395, esp. p. 326; M11 背面行 2 有 *r'm | 'wd š'dyé 'br | dbyr'n nyw'n nbys'g'n | 'y sxwn zyndg 'yg yzd'n*，参 E. Waldschmidt & W. Lentz, *Manichäische Dogmatik aus chinesischen und iranishen Texten*（《汉文、伊朗文摩尼教义文献》）, *SPAW* 1933, p. 557. 译文参 D. N. MacKenzie, "I, Mani..."（"本人，摩尼……"）. In: H. Preißler-H. Seiwert (eds.), *Gnosisforschung und Religionsgeschichte. Festschrift für Kurt Rudolph zum 65. Geburtstag*（《诺斯替研究与宗教史——库尔特·鲁道尔夫六十五岁荣休纪念文集》）, Marburg: diagonal-Verlag, 1994, p. 192 "peace and happiness upon the good scribes, the writers of the living word of the gods"。
3 参 Chavannes & Pelliot, "Un traité manichéen retrouvé en Chine, 1911, pp. 521 及 567n.3。承颜思·维尔金斯（Jens Wilkens）提示，笔者注意到吉田豊（1994）对宗德曼上引书 W. Sundermann 1992 *Der Sermon vom Licht-Nous* 的详细评论，载《内陆アジア言語の研究》IX，第 105—111 页，其中页 110 就上述帕提亚语 *sxwn tnb'r* 一词的汉文对应词提出了补充：The Chinese expression corresponding to sxwn tnb'r, i.e. "说听唤应声", is to be translated as " the voice or word of Xruštag and Padwāxtag " not simply as " Xruštag and Padwāxtag"，前半句有歧义，可以理解为 sxwn tnb'r = "说听唤应声"。仔细对读宗德曼原书，可以知道吉田豊氏要补充的是牵涉到"词藏"与"说听唤应声"的几件中古伊朗语文书中对后者的诠释，而并非对宗德曼的比定本身有所置疑。另外，陋见所及，在现存的汉文摩尼教文献中，"说听"、"唤应声"是两个独立的词，未见有连起来的用法。

《净命宝藏经（即生命宝藏）》《秘密法藏经（即奥秘书）》《大力士经》及《书简集》五大著作[1]。恒宁（W. B. Henning）考定其中前两种为最先成书传世[2]，宗德曼综合其他记载修正为《净命宝藏经》为最早著作，《福音》在后[3]。柏林藏吐鲁番出土文书中多处提及，摩尼弟子、东方传教团的首领末冒（Mar Ammo）抵达呼罗珊时携有该经，中古波斯语称 ny'n 'y zyndg'n[4]，粟特语 sm'ttyx' 或 smøyh[5]。这部《净命宝藏经》似乎不止在上述语言中留下痕迹，管见所及，尚有希腊语的 θησαυρός 及 θησαυρό τῆς ξωῆς "the

---

1　C. Schmidt & H.J. Polotsky, *Ein Mani-Fund in Äypten. Originalschriften des Mani und seiner Schüler*（《埃及出土摩尼教经。摩尼本人及其门徒原著》）. Berlin,1933, pp. 34-35, 37。此点承张广达先生提醒应注意敦煌藏经洞出汉文《摩尼光佛教法仪略》第三节"经图仪" 书目关联。

2　G. Haloun & W. B. Henning, "The Compendium of the Doctrines and Styles of the Teaching of Mani, the Buddha of Light"（《摩尼光佛教法仪略》研究）, *Asia Major*（《大亚细亚》）新辑 3 (1953)，pp. 184-212, esp. 208f.

3　Werner Sundermann, "Studien zur kirchengeschichtlichen Literatur III（《教会史文献研究》之三）."*Altorientalische Forschung*（《古代东方学研究》）, XIV, pp. 69-71。收入 Werner Sundermann, *Manichaica Iranica. Ausgewählte Schriften von Werner Sundermann*（《维尔纳·宗德曼伊朗语摩尼教文献研究论文选》）, (Serie Orientale Roma, LXXXIX, 1/2), hrgs. v. Chr. Reck, D. Weber, C. Leurini & A. Panaino. Roma: Istituto Italiano per l'Africa e l'Oriente. 2001, pp. 385-387.

4　Andreas & Henning, *Mitteliranische Manichaica* II. SPAW 1933, pp. 301, 304ff.; Haloun & Henning, "The Compendium of the Doctrines and Styles of the Teaching of Mani, the Buddha of Light", p. 205.

5　W. Sundermann *Mitteliranische manichäische Texte kirchengeschichtlichen Inhalts*（《中古伊朗语摩尼教教会史写本文献》）(Berliner Turfantexte, XI). Berlin, 1981, p. 35, So 13941, 3.1/V/4-5，脚注对此词词源及异写详加考释。

Treasure of Life", 一般认为是摩尼教经典之一。[1] 以科普特语写成的《荷弭力经》(homilie, 意为"布道")也记载了同名著作,至少词汇上看可能来自希腊语。[2] 前揭《克法来亚》第 1 章[3] 的记述包含与此相关的概念:

> 我抵达沙普尔之王庭,蒙主人待以不次之客礼。蒙其恩准,我得以在其[领界疆土之]内任意周游,宣讲净命之语。

以中古波斯语写成、出土于吐鲁番高昌故城遗址、今藏柏林的 M 5794 (T II D 126) 一般被看作摩尼本人阐述的传教宗旨的篇章[4]:

---

1 参 S. Clackson, E. Hunter, S.N.C. Lieu & M. Vermes (eds.), *Dictionary of Manichaean Texts. Volume I, Texts from the Roman Empire (Texts in Syriac, Greek, Coptic and Latin)*(《摩尼教写本辞典》卷一,《罗马帝国时期的叙利亚语、希腊语、科普特语及拉丁语写本分卷》)(Corpus Fontium Manichaeorum, Subsidia II 摩尼教史料集成, 附录 II). Turnhout: Brepols/Ancient History Documentary Research Centre, Macquarie University, NSW Australia, 1998, p. 37。
2 H. J. Polotsky, *Manichäische Homilien*. (Manichäische Handschriften der Sammlung A. Chester Beatty, Band I) Stuttgart: Kohlhammer, 1934, 94.19 & 25.2.
3 H. J. Polotsky, & A. Böhlig, *Kephalaia* I. Stuttgart: Kohlhammer, 1940, pp. 15, 31–33; 英译本参 I. Gardner, *The Kephalaia of the Teacher. The Edited Coptic Manichaean Texts in Translation with Commentary*. (Nag Hammadi and Manichaean Studies, XXXVII) Leiden: Brill, 1995, p. 21.
4 解读见 Andreas & Henning, *Mitteliranische Manichaica* II. *SPAW* 1933, pp. 295-296。拉丁字母修订转写见 Mary Boyce, *A Reader in Manichaean Middle Persian and Parthian. Texts with notes* (《中古波斯语与帕提亚语摩尼教读本》). Leiden/Téhéran/Liège: Brill, 1975. (Acta Iranica, 9) p. 30。英译文见 J. P. Asmussen, *Manichaean Literature* (《摩尼教文献》). Delmar (New York): Scholar's Facsimiles & Reprints, 1975, p. 12。汉译文参林悟殊《波斯拜火教与古代中国》, 台北: 新文丰出版公司, 1995 年, 第 111 页。

（我的宗教）却由于有活的（经典），有师僧（hammō-zāgān）、萨波塞（ispasagān，神仆）、于而勒（wi-zī-da-gān，选民）和耨沙嚰（niyōšāgān，听者），由于有智慧和著作，将永存无疆。

阙文处所补的"经典"即上文征引过的《活的福音》、《净命宝藏经》。尤为明确的是摩尼自信握有"智慧和著作"（wihīh ud kirdagān），这两件法宝在敦煌出汉文写本《摩尼教经》残篇中被骈列称为"于语藏中加被智惠"，这再次印证了上面引述宗德曼先生的见解，即在摩尼教术语系统内"语藏"和"（摩尼教）著作"同义。综上所述，这些"著作"曾以"福音"、"净（生）命宝藏"以及"净（生）命之语"等名称流传，由此可进而探求"语藏"的大致形成过程。

至于陈氏书信中有"词藏"、"语藏"异文的产生，因《与刘》的底稿情况不明，所以不知道是否出自陈氏本人。就这两个词本身看，含义相类，构词全同，属于汉语文字学中的"同义换读"现象[1]，可以并存，未必强分一是一非，求其一律。若从探源的角度看，则似以见于摩尼教经的"语藏"为典要。再加上史语所档案保存的这件珍贵的陈氏手书信稿，三占从二，可以确定"语藏"的写法为长。

---

1 裘锡圭：《文字学概论》，北京：商务印书馆，1988年，第219—222页。

六

陈寅恪首次造访巴黎是在1913年。[1] 当时正值沙畹、伯希和的上述摩尼教考证译注长文《摩尼教流行中国考》在东方学权威刊物《亚细亚学报》连载完毕。这篇力作不胫而走，在中国与日本学界即刻引起注意，可想而知。王国维至迟在1919年仔细研读该文，在致罗振玉的信中道及，"伯希和君所撰《摩尼教考》，所搜集中土书籍材料略备"[2]。据陈本人说，他与伯希和相识，乃出于王国维作书为介。[3] 陈寅恪在1930年为陈垣的《敦煌劫余录》所写《序》中，胪举敦煌学应予注意的九个方面的课题，摩尼教经居首位。[4] 1932年发表于《清华周刊》的《〈俞曲园先生病中呓语〉跋》[5] 议论俞樾三十年余年前所写的诗文何以与现实时局若有冥契，乃归因于"人事有初、中、后三际（借

---

[1] 1913—1914年"读书巴黎大学"，见：蒋天枢《陈寅恪先生编年事辑》1981年版第34页，1997年二版第32页。关于陈氏的留法经历别有说法，"1913年再获出国机会，在法国巴黎高等政治学校社会经济部读了一年，后因欧战爆发，无法继续学业，加上江西省教育厅电招先生（引者注：指陈寅恪）至南昌阅卷并允补江西省留学官费，故于1914年底返回中国"。见胡守为《陈寅恪先生的史学成就与治史方法》，[中山大学]纪念陈寅恪教授国际学术讨论会秘书组编《纪念陈寅恪教授国际学术讨论会文集》，广州：中山大学出版社，1989年，第89页。
[2] 《王国维全集·书信》，北京：中华书局，1984年，第289页。
[3] 《寅恪先生诗存·王观堂先生挽词》"伯沙博士同扬搉，海日尚书互倡酬"句自注"余之得识伯希和于巴黎由先生作书介绍也"，惜未注明时间，见陈寅恪《寒柳堂集》，上海：上海古籍出版社，1980年，第9页。
[4] 《金明馆丛稿二编》，上海：上海古籍出版社，1980年，第236—237页。
[5] 蒋天枢认为此文作成于1928年3月，见蒋天枢《陈寅恪先生编年事辑》，上海：上海古籍出版社，1997年，第193页。

用摩尼教语)",其间存在着因果、依存关系。[1] "初际"、"中际"、"后际"三个术语典出敦煌本《摩尼光佛教法仪略》。据他在清华的受业弟子罗香林回忆,在清华国学研究院开设的课目中,有陈寅恪的"摩尼教经典与回纥文译本之研究"一门。[2] 当时陈寅恪归国未久,还非常熟悉国外对吐鲁番出土的德藏中古伊朗语与回鹘语摩尼教文献的解读工作。他个人的学术高产期尚在酝酿之中,所关心注意的涉及古代中印关系和西北史地这一广大范围,表现在读书札记与授课讲义中的当时国际东方学中的新课题,涉猎之广,入手探讨的题目要比后来形成文字发表的成果更为丰富。[3] 辗转流传下来的陈寅恪的六十四个笔记本,多半属于其早年留学时期的随手分类札记,其中有一册自题为"摩尼教经",据曾接触过原物的人士介绍,"里面写的是摩尼教经文词汇,比如粟特文等。有汉文、德文、英文注解"。[4] 综合以上种种情形,允许我们可以推论,陈寅恪使用的"语藏"一词之有可能撷取自在他"所曾读者"之列的摩尼教经典,应是意中之事。

顺带一提,陈寅恪著作文章的学术用语,新旧中西的成分均有,经常有类似"语藏"、"词藏"的情况,是一个具有学术

---

1 陈寅恪:《寒柳堂集》,上海:上海古籍出版社,第146页。
2 蒋天枢:《师门往事杂录》,《陈寅恪先生编年事辑》,上海:上海古籍出版社1997年,第249页。
3 荣新江:《陈寅恪撰〈敦煌零拾〉整理后记》,《敦煌吐鲁番研究》第五卷,2000年,第8—12页,该句在第11页。
4 季羡林:《从学习笔记本看陈寅恪先生的治学范围和途径》,[中山大学]纪念陈寅恪教授国际学术讨论会秘书组编《纪念陈寅恪教授国际学术讨论会文集》,广州:中山大学出版社,1989年,第74—87页,第82页。

史旨趣、值得专门注意的题目（参见本文附录）。

附：陈寅恪的学术"语藏"待问录[1]

如前所述，陈寅恪的学术术语中尚有若干词语，乃自出机杼的仿译（calque，日本语言学者称为"透写语"），别致达义，有的一望即知是外来语，有的则隐晦费解，有的译制浑然天成，以至被汉语一般词汇接纳而融合无间，已不易指证其本为外来语。陈氏本人说过，"吾人欲译外国之书，辄有此方名少之感，斯盖非唐以后之中国人拘于方以内者所能知矣。"（金二，页163，《大乘义章书后》）意在言外，这些新说法透露的是治学的新路数。在此谨将平素绎读陈氏著作所得零星札记抄出，间附以陋见，以质诸有同好者。应该说明的是，在此给出西文对应词，初衷为指出该用法为外来语，提示德文或其他西文线索为便于说明可能的外文构词方式及语义，无意坐实陈氏用语必定由此种或彼种外国语言借入，因目前还是搜集材料阶段，侈谈探源未免奢望。另，词法之外，处于学术发展古今之交、中西之汇的陈氏学术文章，其句法（长句、复句）及章法在并世的

---

[1] 本附录中所用缩略名称注：寒柳 =《寒柳堂集》，上海：上海古籍出版社，1980年；金初 =《金明馆丛稿初编》，上海：上海古籍出版社，1980年；金二 = 陈寅恪《金明馆丛稿二编》，上海：上海古籍出版社，1980年；唐代 = 陈寅恪《唐代政治史述论稿》，上海：上海古籍出版社，1982年；元白 =《元白诗笺证稿》，上海：上海古籍出版社，1982年；柳传 =《柳如是别传》，上海：上海古籍出版社 1982年；诗集 =《陈寅恪诗集》，北京：清华大学出版社，1993年。

各家众体中，也很有特点，亦值得循序加以研究。

1. 古典

柳传第一章缘起页 7 及页 11，"古典"即"旧籍之出处"。有时又写作"故典"，见元白页 195 及页 273。与"今典"一同为陈寅恪用诗文证史的核心概念。他所指的"古典"不是近代以来习见的 classic（"以古代为典范"）的意思，而是语文学术语 locus classicus 的直译，亦即通常所说的"典故"、"故实"或"书证"。至于"今典"是否也是译名，抑或陈氏作为"古典"的对应词而自拟，待考。陈氏自己解释"今典"即"实事实语"，见金初页 209。陈著中也屡屡对举"古典"、"今事"（唐代页 29；寒柳页 65"古典今事"）。从各种用例归纳来看，"今典"、"今事"似乎便是古代常语"本事"，参柳传页 13。陈寅恪《读〈哀江南赋〉》一文为考证古典、今典的示范作品（金初页 209 et passim）。

2. 美术性之散文

金二页 224—225，"凡中国之韵文诗赋词曲无论矣，即美术性散文，亦必有适当之声调。(《与刘叔雅论国文试题书》)"，参德语 schöne Prosaliteratur 或 schöne Literatur 以及法语 belles-lettres。

3. 美备之复合体

金初页 366"颇疑当时太学之音声，已为一美备之复合体，此复合体即以洛阳京畿之音为主，且综合诸家师授，兼采纳各地方音而成者也。"(《从史实论切韵》)，参德语 perfekter Komplex。

4. 公式文字

元白页 116"今白氏长庆集中书制诰有旧体、新体之分别。其所谓新体，即微之所主张，而乐天所从同之复古改良公式文字新体也。""唐代古文运动巨子，虽以古文试作小说而能成功，然公式文字，六朝以降，本以骈体为正宗。西魏北周之时，曾一度复古，旋即废除。在昌黎平生著作中，平淮西碑文乃一篇极意写成之古文体公式文字，诚可称勇敢之改革，然此文终遭废弃。夫段墨卿之改作，其文学价值较原作如何及韩文所以磨易之故，乃属于别种问题，兹不必论。惟就改革当时公式文字一端言，则昌黎失败，而微之成功，可无疑也。至于北宋继昌黎古文运动之欧阳永叔为翰林学士，亦不能变公式文之骈体。司马君实竟以不能为四六文辞知内制之命。然则朝廷公式文体之变革，其难若是，微之于此，信乎卓尔不群矣。"(《读莺莺传》)，参德语 Formelschrift, Stereotyp, Klischee。另简称"公式"（Formel），参寒柳页 152"七之为数乃规定不移之公式"。陈氏 1919 年留学美国时曾写过一首竹枝词，中有"文豪新制爱情衡，公式方程大发明"（诗集页 8《留美学生季报民国八年夏季第二号读竟戏题一绝》)，用的是数学自然科学的意思。至于唐代"大历后公式文"（元白页 19《长恨歌》）指唐代律令术语如《公式令》等，不可相提并论。

5. 前进分子

元白页 262，"外夷习俗之传播，必有殊类杂居为之背景。就外交关系言，中唐与吐蕃虽处于或和或战之状态（自德宗贞元三年平凉败盟后，唐室与吐蕃入于敌对状态，至宪宗初年乃采用怀柔政策）。而就交通往来言，则贞元元和之间，长安五百里外即为唐蕃边疆，其邻接若斯之近，绝无断绝可能。此当日追摹时尚之前进分子，所以仿效而成此蕃化之时世妆也。"（《时世妆》），相当于西文中的 pioneer, avantgardiste。陈氏使用"分子"这个词很可能有西文背景，也可能中间还经过日文翻译西学名词的中介，俟考。其他也有人使用这个词，如冯玉祥《我所认识的蒋介石》第 12 章《察哈尔民众抗日同盟军时代》，"蒋介石以为谁都可以帮助他来杀人。其实是不然的，人家有学问有知识的人，都愿意救人民，不愿杀人民。我知道的有一朋友姓刘，英文很好，又从德国留学回来，蒋把他找到剿匪总司令部去当机要秘书，帮他来做杀害中国同胞的事。这位刘先生，在国内国外，大家都道他是一位前进分子，这一次跑到蒋介石那里去，就有些不明白内容的朋友们，对刘先生冷讥热讽骂得不亦乐乎。后来忽然被通缉了！那是刘先生把总司令的剿匪计划偷出来，交给人民一方面的人们，不多几天，被蒋介石的特务把刘先生偷出来的计划和地图，在某一个外国人的手里查出来。不久，就知道是刘先生偷的，蒋下手令，拿办这位刘先生。"(《冯玉祥自传》，北京：中国青年出版社，2015年，页44）胡适在1955年致信赵元任，"我这几年所以故意不教书，也不热心向人要教书讲演的机会，实在是因为一种避嫌的心理，一面是许多所谓'汉学''支那学'家总有点怕我们打入他们的圈子里去，一面是这种人在政治上又往往是'前进'分子，气味也不合，所以我总有点神经过敏的感觉，觉得还是'敬而远之'为上策，切不可同他们抢饭吃。"(《胡适全集·胡适中文书信集》，台北"中央研究院"，2018年，第4卷，页258）。他如"其血统确有胡族分子者"(唐代页35，《统治阶级之氏族及其升降》），犹今人言"因素"、"成分"，"分子"则专用于指称某种政治、宗教信仰的追随者及社会活动的积极参与者。

6. 废物利用

金二页248"今日取诸人论史之文，与旧史互证，当日政治社会情势，益可借此增加了解，此所谓废物利用，盖不仅能供习文者之摹拟练习而已也"(《冯友兰中国哲学史审查报告》），参德语 Wiederverwertung。

7. 人文主义之教育

金二页318"国文则全国大学所研究者，皆不求通解及剖析吾民族所承受文化之内容，为一种人文主义之教育，虽有贤者，势不能不以创造文学为旨归。殊不知外国大学之治其国文者，趋向固有异于是也。"(《吾国学术之现状及清华之职责》），参德语 humanistische Bildung、英语 humanistic education。

8. 宗教宣传

寒柳页 64，"盖吾国语言文字逐渐由短简而趋于长烦，宗教宣传，自以符合当时情状为便，此不待详论者也。"(《论再生缘》)，犹西文之 religious propaganda。参"宣传文字"（唐代页 129）。"故本篇于某外族因其本身先已衰弱遂成中国胜利之本末，必特为标出之，以期近真实而供鉴诫，兼见其有以异乎夸诬之宣传文字也。"(《下篇　外族盛衰之连环性及外患与内政之关系》) 参德语 Propagandaschrift。

9. 思想史

金二页 252，参德语 Gedankengeschichte。"思想接触史"（同上），参德语 Geschichte des Gedankenkontakts。

10. 解释及排比之程序、联贯综合之搜集、统系条理之整理

金二页 247。词语虽然一时不易求得出处，但其不出近代西方学术方法谈的范围，则大体可以断定。20 世纪 30 年代郭沫若研究古代青铜器断代，使用所谓标准器系联法，实质上同属于归纳法实证研究。这种经验的研究，罗常培称为"丝贯绳牵"法（《北京俗曲百种摘韵》，北京：来薰阁书店，1950 年，上，第二节"十三辙的沿革"，页 5），虽是地道的中国式的表达，跟陈氏欧化的说法却精神相通。

11. 西洋类书

西洋类书,金明二页 311,"因我现必需之书甚多,总价约万金。最要者即西藏文正续藏两部及日本印中文正续大藏,其他零星字典及西洋类书百种而已。"(《与妹书》)类书,为西文 encyclopaedia "百科全书"及日文"百科事典"的对应词,指专业性的词典类工具书。

2001 年初稿,

2004 年改订于德国婆毘堡

(原刊《科学文化评论》,第 2 卷,2005 年第 1 期)

后 记

《语藏集》是旧年所作零星文章的结集。"语藏"一词尚未为汉语辞书收录，词源详情见本集末篇《陈寅恪的"语藏"》，引申意义是"词注（gloss）"，指读书人在书的页边、行间、天头地角所加笔记，在本题中则更推而广之，指泛览时遇到的难懂、具有研究旨趣的事物词（Dingwörter）。其中有人名、地名、事名、物名，也有概念，对汉字书写的外语词又增加溯源任务，以确定原型。简而言之：语词探源，事物探本，以图辅文，名物落实。

集中所收文章发表最早的写于 2005 年，倏忽已十有六载，其间求学西海东洋，从教岭表淞滨。关于中外关系、民族关系以及眼下成了热门的丝绸之路研究范围，一些话题、方法、概念，甚至谬误，不免在书中有所流露，敬待读者赐予批评。

"六合丛书"是一个在选题和文笔上都有特点、有追求的学人丛刊。承主编高峰枫教授不弃，友人刘铮、周运、高山杉诸兄督促，特别是艾俊川兄鼓励再三，壮我胆量，才勉强编集。肖海鸥女士为本书出版费神费力，宋希於兄为编校提供了帮助，我供职的上海外国语大学、为我发表文章的诸家刊物及有关人士都助我良多。在此请接受我的衷心感谢。钉饾散稿，不敢言述作，聊存雪泥鸿爪之迹，兼报友朋照拂之谊。

王丁

2021 年 6 月于衡文庐

图书在版编目（CIP）数据

语藏集 / 王丁著. -- 上海：上海文艺出版社, 2021
(六合丛书)
ISBN 978-7-5321-8046-2
Ⅰ.①语… Ⅱ.①王… Ⅲ.①中外关系—国际关系史—文集
Ⅳ.①D829-53
中国版本图书馆CIP数据核字(2021)第149198号

发 行 人：毕　胜
责任编辑：肖海鸥
特约编辑：宋希於
装帧设计：常　亭

书　　名．语藏集
作　　者：王　丁
出　　版：上海世纪出版集团　　上海文艺出版社
地　　址：上海绍兴路7号　200020
发　　行：上海文艺出版社发行中心发行
　　　　　上海市绍兴路50号　200020　www.ewen.co
印　　刷：苏州市越洋印刷有限公司
开　　本：1240×890　1/32
印　　张：6.875
插　　页：2
字　　数：127,000
印　　次：2021年8月第1版　2021年8月第1次印刷
I S B N：978-7-5321-8046-2/G.326
定　　价：48.00元
告 读 者：如发现本书有质量问题请与印刷厂质量科联系　T: 0512-68180628